Edmund Stengel

Geschichte der romanischen Philologie in Deutschland

Edmund Stengel

Geschichte der romanischen Philologie in Deutschland

ISBN/EAN: 9783743394667

Hergestellt in Europa, USA, Kanada, Australien, Japan

Cover: Foto ©ninafisch / pixelio.de

Weitere Bücher finden Sie auf **www.hansebooks.com**

AUSGABEN UND ABHANDLUNGEN

AUS DEM GEBIETE DER

ROMANISCHE PHILOLOGIE.

VERÖFFENTLICHT VON E. STENGEL.

LXIII.

BEITRÄGE ZUR GESCHICHTE

DER

ROMANISCHEN PHILOLOGIE IN DEUTSCHLAND.

FESTSCHRIFT

FÜR DEN

ERSTEN NEUPHILOLOGENTAG DEUTSCHLANDS ZU HANNOVER

VON

EDMUND STENGEL.

Marburg.
N. G. Elwert'sche Verlags-Buchhandlung.
1886.

A. Über die ältesten französischen Grammatiken für Deutsche.

Die romanische Philologie ist aus dem Bedürfnisse der Kenntniss der romanischen Sprachen, Litteraturen und überhaupt der gesammten romanischen Culturen hervorgegangen und auch die strengwissenschaftliche derzeitige Behandlung derselben steht im Dienste dieses an Ausdehnung wie an Tiefe stets wachsenden Bedürfnisses. Die Geschichte der romanischen Pilologie in Deutschland hebt also von der Zeit an, in welcher die romanischen Sprachen und speciell die von jeher in Deutschland verbreitetste derselben, die französische, von unseren Vorfahren zuerst erlernt wurden, und als die ersten Erzeugnisse der romanischen Philologie in Deutschland müssen die Anleitungsschriften, welche die Deutschen bei Erlernung des Französischen unterstützen sollten, gelten. Für die Erlernung der französischen Sprache seitens der Deutschen liegen nun zwar eine Anzahl ziemlich früher Zeugnisse vor, aber Hilfsmittel, welche dieses Studium ihnen hätten ermöglichen oder erleichtern können, sind aus mittelalterlicher Zeit nicht bekannt geworden.

I. Jean Pillot.

Die älteste regelrechte französische Grammatik für Deutsche datiert erst aus dem Jahre 1550: »Gallicae linguae institutio latino sermone conscripta« (108 Bl. 8⁰) und rührt von einem Nationalfranzosen Johannes Pillotus aus Bar her. Sie erlebte kurz hintereinander fünf weitere Auflagen (1555, 1560, 1561, 1563, 1581)[1]. Die 3 letzten erfuhren eine durchgreifende Umarbeitung

---

[1] Die Münchener Hof- und Staatsbibliothek besitzt von jeder der 3 ersten Auflagen ein Exemplar. Sie stimmen Seite für Seite überein. Die von 1561, mit dem auch 1563 wiederholten Zusatz: »nunc vero locupletata per eundem«, von welcher die Pariser Nationalbibl. ein Exemplar besitzt, führt Thurot: »De la prononciation fr.« Paris 1881 T. I S. XXXI neben der von 1550 an. Von der von 1563 besitze ich selbst ein Exemplar. Allein die von 1581 führt Livet: »La Gram. franç. et les Grammairiens

und enthalten 269 Seiten, doch sind auch sie in lateinischer Sprache abgefasst, und wie die von 1550 und 1555, in Paris erschienen; die beiden letzten wurden allerdings von Jacobus Kerver, die beiden ersten aber und die vierte von Stephanus Groulleau verlegt, während die von 1560 in Orléans von Eligius Gibier gedruckt war. Pillot hat sein Buch dem Pfalzgrafen Wolfgang, dessen Vaters-Brudersohn Georg Johann er im Französischen zu unterrichten hatte, gewidmet und es für die Zwecke seines Unterrichtes abgefasst. Ich bringe hier den grössten Theil der als Einleitung dienenden »Epistola« zum Abdruck:

ILLVSTRISSIMO PRINCIPI' VVOLFFGANGO DVCI BAVARIAE PALATINO RHENI, AC COMITI VELDENSIÆ DOMINO SUO CLEMENTISSIMO IOAN. PILLOTUS S.

CVM hifce diebus in Germaniam ad patruelem tuum, Princeps illuftrifsime infantem (vt omnes prædicant) nobilifsima indole ac diuino propemodum ingenio, meum dominum obferuandum, cogitarem: vifum eft, antequam hinc abirem, noftris ftudiis profpicere, & mecum afportare quicquid exiftimarem vel ipfi docendo, vel mihi docturo alicuius momenti fore. Perluftratis autem bibliopolarum officinis, coemptifque libellis aliquot, nullum de lingua Gallica grammaticam, idonæam inuenire potui. Id mihi fuit moleftum valde, nam nobis maximè neceffariam fore cognofcebam. Intellexi enim me potifsimum illi pædagogum effe afcitum, vt in hac à me initia quædam, priufquam huc amandetur, capiat: & ita quidem capiat ut grauiora ftudia melioribus horis non defraudentur, qua in re miranda eft omnium qui mei domini curam gerunt, fed tua imprimis prudentia, princeps illuftriffime. Primum quòd fermonem gallicum non ignoratis omnium vulgarium elegantifsimum effe, & qui Germanum præfertim principem fummopere deceat, non folùm ob antiquam vtriufque gentis necefsitudinem & quotidiana commercia: verùmetiam quia nullus ferè est noftro feculo in Germania, nobiliore loco natus aut re familiari paulo maiore, qui fuos liberos patiatur effe huius linguae rudes. Immo ipfemet Cæfar, atque etiam (vt audio) rex Ferdinandus magis hac delectantur, quam vlla alia. Laudandum deinde veftrum confilium, quòd eam viam nos tenere velitis, vt in ea quædam duntaxat fundamenta obiter iaciamus à teneris, qua ætate fœlicifsimè iaciuntur, iacta tenacifsimè hærent, & reliqua commodifsimè fuperftruuntur. Hoc enim pacto cauebitur, ne id ipfi contingat, quod multis memini, qui huc cum grandiores accedunt, diu inter homines tanquam furdi & muti obambulant, priufquam valeant cum yllo colloqui, & poft multum temporis, multúmque laboris, ne recte quidem pronunciare difcunt, maxima ipforum moleftia atque

---

au XVIᵉ s. Paris 1859« S. 270 an. J. Tell: »Les Grammairiens fr. etc.« Paris 1874 citirt Pillot unter dem Jahre 1561. Nach ihm, wie nach Livet musste man Johannes Garnier für den ältesten Verfasser einer Grammatik für Deutsche halten. Die Monographie von Arth. Loiseau »Etude historique et philologique sur Jean Pillot et sur les doctrines grammaticales du XVI s.« ist nach der Revue Crit. 1866 n° 39 eine werthlose Compilation. Wegen Pillot's Bemerkungen zur Syntax vgl. A. Benoist »De la syntaxe fr. entre Palsgrave et Vaugelas« Paris 1877.

pœnitudine. Quocirca ne fubfidio veftræ voluntati adimplendæ neceffariò
deftitueremur operæprecium vifum eft inftitutionem hanc fermonis Gallici
componere, qua tenera illius ætas imbueretur: principiis enim à pueritia
bene cognitis, facilimum erit, quum postea in Galliam veniet, cætera
ediscere. Scio tamen (ne quid difsimulare videar) multos huiufmodi
titulo extare libros, sed tales funt vt paulò plus momenti adferant ad
id', quod præ fe fert hæc infcriptio, quam fi non prodiiffent: quidam
enim de ipfius idiomatis proprietate et differentia¹), docte profecto & fufe
tractant, vt in vnaquaque eiusdem nationis prouincia, imo fingulis fere
pagis aliquod difcrimen, & fæpe maximum effe folet. Alij nefcio quæ
fragmenta grammatices reliquerunt at præterquam quod manca funt &
imperfecta, non tam Gallicis difcendis quam latinis interpretandis con-
ferunt²). Nonnulli de orthographia prolixas, & concertationum plenas
difputationes, ac tragœdias excitant³). Habeant fane ifti omnes fuum
vfum: fed ad Gallicum fermonem cognofcendum parum iuuant. Adde
quod Gallicis verbis vtuntur, vt à fuis tantum videri poffint, cum (meo
iudicio) fcribentem de aliqua re inftitutionem, oportet exterorum &
imperitorum præcipuam habere rationem. Neque enim qui Hebræas,
Græcas aut Latinas Grammaticas componunt, Hebraicè, Græcè, aut Latinè
fcientibus, fed potius fcire cupientibus componunt. Nullus idem, quod
fciam, de omnibus orationis partibus aptè & diftinctè egit. Nemo verbum
omnium difficillimum ferè attigit. Vnde fit, ut non pauca tempora fint
adhuc hodie incerta, & controuerfa. Quis enim (vt id vno exemplo de-
monstrem) ex ijs, qui Galliarum oras incolunt, non dico omnium, fed
vnius aut alterius verbi prius præteritum perfectum fiue indefinitum
(quem Græci ἀόριστον appellant) tenet, vel recte vfurpat? Quotum quem-
que reperias vel eorum qui egregie galli haberi volunt, in eodem luto
non hærere, & fæpe labi? Ego vero pro mea infirmitate conatus fum
plenum & fuis partibus abfolutum, de re grammatica Gallorum opus
perficere. Quantum fim affecutus, aliorum fit iudicium: fed tuum in
primis, princeps illuftriffime, cui de re quauis vel è cortice iudicare licet,
Hoc tantum affero me operam dediffe, vt nihil, quod ad rem pertineat,
omitterem, nihil etiam fruftra, nihilque ad oftentationem dicerem.
Breuitati & perfpicuitati, quoad fieri potuit, ftudui, & certe fuiffet abfur-
dum, magnum aliquod volumen de re tam fuccincta & facili, quam effe
gallicum idioma iudicabit, quifquis hoc opufculum perluftrarit. Multa
velut definitiones vocabulorum artis prætermifi, tum quod à reliquis
grammaticis peti poffunt, tum quòd ad inftitutum noftrum (qui Gallice
loqui, non definire docemus) nihil facere videbantur. Initium ab ele-
mentis & literis feci, de quarum poteftate, & pronunciatione, fimulque
de orthographia, quantum fatis effe puto fcripfi. Deinceps de omnibus
orationis partibus figillatim, diligentifsime vero de verbis, quæ omnia in
certas & paucas claffes coegi. Id quod fieri poffe defperarant hactenus
omnes, adeò varia habebantur. Partim Latinos partim Græcos, pro loci
ac rerum varietate, fum imitatus, tanta & facilitate & methodo, vt fperem
non modò exteris huius linguæ candidatis, fed ipfis quoque gallis laborem
meum profuturum, hac faltem in parte, quòd hîc poffunt omnes breuifsimis

---

1) Damit ist wohl Bovelles' »Liber de differentia vulgarium linguarum
et Gallici sermonis varietate« 1533 (Thurot S. XXVI) gemeint.
2) Soll wohl auf Sylvius' »In linguam gallicam lsagωge« 1531 gehen
(Thurot S. X u. XXV).
3) Jedenfalls Meigret u. Pelletier (Thurot S. XXVII).

canonibus de iis certiores fieri: de quibus plerique omnes dubitant, &
altercantur. Quamquam nihil minus cogitabam, tum etiam quum his
rudimentis fupremam manum impofuiffem, quam vt excuderentur aliquot
dumtaxat exemplaria manu fcripta meo domino eiúfque condiscipulis, fi
quos habuerit, & aliis nonnullis, qui me liberalitate fua deuinxerunt,
donare decreueram. Verebar enim multorum calumnias, qui nihil non
reprehendunt, quiduis improbant, nifi ipfi fabricarunt vel correxerunt
aut potius corruperunt. . . . .

Wegen des materiellen Inhaltes der Institutio verweise ich
auf die S. 1 in der Anmkg. namhaft gemachten Werke und bemerke
nur noch, 1) dass wahrscheinlich Robertus Stephanus für sein
»Gallicae Grammaticae libellus latine conscriptus in gratiam
peregrinorum« Paris. 1560 [1]), das Werk Pillots stark benutzt hat,
während Pillot seinerseits ausdrücklich im Schlusswort erwähnt:
»illud dictionarium mediocre, a Roberto Stephano excusum
(1539 und 1549), ex quo ista exempla (nämlich: de caeteris
particulis indeclinabilibus) huc fere ad verbum transtuli«,
sowie 2) dass der Herausgeber einer neuen Ausgabe von R.
Stephanus' Dictionnaire (1584), Namens J. Dupuys, sich sehr
anerkennend über Pillot's Methode aussprach (Vgl. Thurot
S. XXXI), während Henricus Stephanus, der Sohn Robert's in
seiner Hypomneses von 1582 über ihn wie über die 3 weiter
zu nennenden französischen Grammatiker, allerdings ohne irgend
einen namentlich anzuführen, scharf herzog. (Vgl. daselbst
S. 200-3, 215: Pillot, Cauchie; S. 211-3: Garnier; S. 214: Vivier).

II. *Jean Garnier.*

Die zweitälteste französische Grammatik für Deutsche erschien
1558: »Institutio gallicae linguae in usum iuventutis germanicae
ad illustrissimos iuniores principes Landtgravios Haessiae conscripta« und hat zum Verfasser Johannes Garnerius, auch sie
ist lateinisch geschrieben, aber in Deutschland selbst und zwar in
Marburg verfasst, wenn auch in Genf erschienen. Auf dem Titel
ist Genf nicht als Druckort angegeben, wohl aber als Drucker
Joh. Crispinus. Eine zweite Ausgabe erschien ebenfalls in Genf

---

1) R. Stephanus' »Libellus« wird auch von Thurot nicht erwähnt, der
nur den französisch geschriebenen »Traité etc.« anführt. Die Münchener
Bibl. besitzt ein Exemplar des »Libellus«. Man vergleiche daraus folgende
Stelle: p. 7: »*G* praepositum literis *e* vel *i* in eadem syllaba pronunciatur
vt *i* velut *gemir, gelée, gibeciere, giste*« mit Pillot Bl. 4: »*G* in eadem
syllaba. prepositum *e* vel *i* usurpatur pro *i* consonante, *gemier, gemere
gibeciere*, usurpium«. Bezeichnend sind auch H. Stephanus' Worte in
seiner Kritik Pillots S. 201 f.: »Licet autem haec dicam, non ignoro,
patrem etiam meum *Aimissions* & *aimissiez* scripsisse: sed vicissim, eum
in loquendo *Aimassions* & *aimassiez* usurpasse scio: & quum utramque
poni scripturum iussisset, praetermissam alteram fuisse«.

»apud haeredes Eustachii Vignon« MDXCI, eine dritte endlich erschien Jenae 1593: »revisa a Petro Morleto¹)«. Henricus Stephanus (Hypomneses S. 213) spricht sich sehr abfällig über Garnier aus: »Hic tamen, ille est quem potissimum bene de se meritum arbitrantur Germani, quod in sui libelli fronte eum Germanicae iuuentuti dicauerit. Atqui Germani, non minus quam Itali, Hispani, Angli, Poloni, & alii quilibet, irridebuntur, si suum praeceptorem hic sequantur . . .«

Über Garnier's Lebensumstände vgl. Strieder Grundlage zu einer hess. Gelehrten- und Schriftstellergeschichte. Göttingen 1784. Bd. IV, 292. Danach war Garnier aus Avignon gebürtig und gieng, von dort vertrieben, nach Strassburg. 1555 wurde er vom Landgraf Philipp nach Marburg berufen. Im hiesigen Staatsarchiv (Acta varia des Regierungs Arch. Personalrepositur) hat sich seine Bestallungsurkunde erhalten. Sie lautet:

Garnerius | Johannes Garnier ist bestelt, das er vnsers gnedigen fürstlichen vnd hern sone mit vleis in der frantzosischen sprach vnderrichten soll. Im Jar 1555 (Aufschrift)

Ich Joannes Gernier Thu kunth vnnd bekenne hierann offentlich Das der Durchleuchtig Hochgebornne Fürst vnnd Herr Her Philips Landgraue zu Hessenn Graue zu Catzenelenbogenn Dietz Ziegenhein vnnd Nidda Mein gnediger Fürst vnnd herr, mich zu seiner fürstlichen gnaben biener bestelt vff vnnd anngenommen hatt Innhalt seiner fürstl. gnedigen mir berowegenn zugestalten bestallungs brieff vonn worttenn zu wortienn wie hiernach volgt lautendt

Wir Philips vonn gots gnabenn Lanndtgraue zu Hessen Graue zu . . . Thuun kunth vnnd bekennenn hierann offentlich das wir vnnsernn liebenn getrewenn Magistrum Joannem Gernierum zu vnsernn diener bestelt vff vnnd anngenommenn habenn, bestellenn vnnd nehmenn Inenn auch bartzu hiemit vff vnnd ann Zegenwurtigk Inn vnnd mit Crafft dieß brieffs, also vnnd berogestalt Das er vff vnnsere Sohnne vleyßigk warttenn, die Inn der Frantzosischenn sprach seins bestenn vermuigentz vnderweissenn vnnd lernnenn, vnnß trewe, holdtt, gehorsam vnnd gewertigk sein vnnserenn schadenn alletzeyth treulich warnnemen selbst teynenn zufuegen: frommenn vnnd bestes werbenn, vnnd sunst Inn gemein alles anderß thunn soll, Das ein getrewer biener seynnem Herrn zuthunn schuldigk vnnd pflichtigk Ist Inmassenn er vnnß sollichs gelobt eynen leyblichen Aybt zu gott vnnd seynnem Hayligenn worth geschworn vnnd deß seynnenn Meuerß vbergebenn hatt. Dareintgegenn vnnd vonn sollichs seins dienstts wegenn sollenn vnnd wollenn wir Ime alle vnnd einß Jedenn Jaerß besonndernn dweyll er ann sollichem biennst sein wirdet funfftzigk gulbenn Minntz jeden gulbenn zu sechß vnnd zwantzig albus vnnd seynnenn boch zimblichen Haußzynnß burch vnnsernn Cammerschreyber Zehenn vierthehll kornnß burch vnnsernn Fruchtschreyder, Ein Juder bier Ein Rhnnbt, Zwey Schwein, vier Hemell burch vnnsernn Kuchenmeister, vnnd vnnsere gewohnliche Hoifflleybung deß Jaers zweymahl burch vnnsernn Hoifffschneyder gebenn vnnd enbtrichtenn laffenn ohune geuerde.

---

1) Von der ersten Ausgabe Garnier's ist ein Exemplar in der Pariser Nationalbibl., sowie in den Bibl. von München und Wolfenbüttel, von der zweiten Ausgabe besitzt die Kasseler Landesbibl. ein Exemplar, während ich von der dritten überarbeiteten keines habe finden können. In Jena ist keins. Thurot erwähnt nur die erste Ausgabe, ebenso Livet, welcher unrichtig als Erscheinungsort Marburgi angiebt.

Deß zu vhrkunde habenn wir vnnß mit eygnenn handen vnderschriebenn vnnd vnnser fürstlich Secreth hieruff drucfenn laſſen. Gegebenn vnnd geſchehen zu Caſſel am tage Michaelis Anno funffzehenhundert funffzig funff.

Folgt ausführlicher Revers und eigenhändige Bestätigung und Unterschrift von Garnier.

Weiter ergiebt sich aus einer ebenda erhaltenen eigenhändigen Aufzeichnung, dass er noch am 8. Mai 1561 in Marburg war. Später siedelte er nach Cassel über und dann nach Metz, wo er vom 10. Jan.—4. Sept. 1564 weilte und von wo er eine Anzahl gleichfalls erhaltene lateinische, und französische Briefe an den Landgrafen Wilhelm d. IV über die Fortschritte der Reform in Frankreich und seine Lehrthätigkeit in Metz richtete. Im Jahre 1570 hat er sein Testament gemacht. Weiteres besagen die Acten über ihn nicht. Er starb, scheint es, 1574. Ich lasse hier die Einleitungs-Epistola folgen:

ILLVSTRISSIMIS GENEROSISSIMISQVE PRINCIPIbus ac Dominis D. Ludouico, & D. Philippo germanis fratribus [1]), Lantdgrauijs Hæfsiae, Comitibus in Catzenelnboguen, Dietz, Ziegenhain & Nidda, dominis fuis clementiffimis, Joannes Garnerius S. P.

QVOTIES memorabile illud Ennij, vetuſtiſſ. poetæ dictum animo refpecto, Principes illuftrifsimi, quo tribus de cordibus (tria fignificans linguarum idiomata) animi fui concepta expromere poſſe gloriatur: toties illam induftriam, quam fub fidelibus præceptoribus (quibus & ipfe nunc adnumeror) in perdifcendis diuerfarum gentium linguis infignem collocaſtis, non poſſum non fummopere admirari, multisque nominibus commendare. Quid enim hoc veftro ftudio laudabilius? quod excellentius? quidve illuftrius in hanc veftram ætatem cadere poſſet? præfertim cùm Deus ipfe inter tot támq; varia dona, quibus à prima mundi origine Eccleſiam fuam mirificè exornauit, linguarum etiam donum, vt maximè neceſſarium per Spiritum fanctum impertitus fuerit. Quociria nec dubito quin idem Deus Opt. Max. hofce veftros tam pios, támque honeftos conatus, fuo Spiritu fit promoturus, & ad optatum tandem finem perducturus: modò & vos ea qua coepiſtis fide, atque (vt fpero diligentia in incoepto cursu progrediamini & perfeueretis. Neque fanè vos improborum (ne quid grauius dicam) adulationes aut calumniæ ab inftituta, & ad veram gloriam proxima ac veluti compendiaria via abducant, quaſi ifte labor principum liberos parum deceat, quin potiùs cum Alphonfo illo Arragonum rege exclamabitis: eam bonis non hominis vocem eſſe, quum non à rationis iudicio, fed infulfo belluinæ ruditatis inftinctu profecta videatur: eoque fortius pro innata animi ingeniique magnitudine pedem figite, fummorúmque heroum, ac maiorum veftorum veftigiis infiftentes, eos vobis imitandos proponite, qui propter fingulare ftudium atque diligentiam in perdiscendis liberalibus artibus ac variis linguis, fummam fibi laudem peperere. Ponite ante oculos Macedonem illum

---

1) Während der Jahre 1562—70 bereisten Philipps Söhne Frankreich. Ein von einem derselben während seines Aufenthaltes daselbst aufgezeichnetes Volkslied habe ich kürzlich im Supplementheft III der Zeitschr. f. nfrz. Spr. u. Lit. S. 96 veröffentlicht.

Alexandrum, qui tanta auiditate ac ardore cùm reliquas disciplinas liberales, tum poemata, sub praeceptore omnium philosophorum clarissimo Aristotele, arripuisse fertur, vt ipsam Iliadem Homericam (quam rei militaris viaticum appellabat) memoriter recitare potuerit: subinde repetens, Malle se disciplinis, quàm copiis, opulentiisque antecellere. Huic non dissimilis Ponti rex Mithridates, cum quo Romani quadraginta duobus annis, vt plurima, ita & grauissima bella gesserunt. Is enim puer duodecim annorum, quum cognoscendorum gentium morum, linguarumque capessendarum percupidus esset, relicta regia domo paterna, adolescentiam in peragrandis peregrinis regionibus ignotus consumpsit: eóque tandem progessus est, vt cum vigintiquatuor populis diuersi idiomatis imperaret, singulis propria ipsorum lingua iura dicere potuerit. Qua res ei non solùm beneuolentiam apud subditos conciliauit, verùm etiam magnam illi, & authoritatem & gloriám & apud milites & exteras nationes comparauit. Sed quid externis recensendis immoror? Habetis ad hanc rem, longè nobilissimum exemplar domesticum, illustrissimum, inquam, Principem dominum Guilelmum fratrem vestrum natu maximum, Dominum meum generosissimum: qui singulari industria, nec minori labore, breui temporis spatio, non solùm variarum linguarum cognitionem percepit: sed ita etiam in omni disciplinarum genere profecit, vt omnes docti, & acumen ingenij & heroicam indolem, & doctrinam elegantem, non immeritò admirentur, suspiciant, ac venerentur. Habetis & sacrosanctam Imperialis aureae bullae constitutionem, quam cautum legitis, vt principes Germani, ad septemviratus honorem (ad quem vestro stemmati, non vna saltem via aditus patet) prouehendi, quatuor externas siue peregrinas linguas (inter quas haec nostra Gallica in primis recensetur) teneant. Quocirca si hisce persuasi, tam externorum exemplorum, quàm domestici aemulos atque sectatores vos sedulos praestiteritis, spem concipio non minimam, fore vt aliquando vestra sponte eò peruenire possitis, quo & publica & patria lege, vocari vos non obscurè (vt opinor) intelligitis. Verùm enimuerò quum currenti calcar adere non sit opus, vosque superioribus hisce annis duobus; non infœlicem operam huic rei, maximè vero linguae Gallicae nauaueritis: ego verò inter legendum, vestro potissimùm monitu, regulas & precepta quaedam, quibus haec nostra lingua melius comprehendi, exterísque faciliùs tradi possit, obseruauerim: operaepretium me facturum existimaui, si has obseruationes in lucem vestris auspiciis edendas curarem: quo & generosissimae indolis Princeps, dominus Georgius, frater vester natu minimus, & reliqua Germaniae pubes, huius idiomatis discendi auida, vestro se beneficio, & exemplo humaniter inuitatam, & non parum adiutam intelligat. Interea tamen vnumquenque monitum velim, haec nostra praecepta, vt reliquarum artium & disciplinarum omnium, inutila & manca fore prorsus, nisi dilingens exercitatio, & continuus accesserit vsus: testem huius idoneum imprimis cito eloquentiae Romanae principem Ciceronem, qui filium hortaturus, vt sese in officiorum praeceptis exerceat: ait, Vt nec medici, nec imperatores, nec oratores, quamuis artis praecepta perceperint, quicquam magna laude dignum sine vsu & exercitatione consequi possunt, sic & officij conseruandi praecepta traduntur: illa quidem, vt faciamus ipsi: sed rei magnitudo vsum quoque exercitationémque desiderat. Qua de causa imprimis vtile fuerit, vt qui fructum aliquem laborum suorum in hisce rudimentis percipiendis consequi voluerit, illis frequentem exercitationem, assiduúmque vsum, optimum & praestantissimum (vt idem ait) dicendi effectorem & magistrum, coniugat. Caeterùm quòd hanc meam qualemcunque operam, illustrissimi Principes, sub vestri nominis auspiciis in publicum emittere decreuerim, praeter caeteras, ea quoque potiſſima cauſa fuit, quòd vbi ipſi harum regularum ſeduli fueritis obſeruatores, & mihi ſuper iiſdem exactiùs cogitandi materiam præbueritis. Quòd ſi hoc meum inſtitutum veſtris excellentiis probatum ſenſero, abundè mihi ſatisfactum ac rationem laboris mei mihi conſtitiſſe putabo: nihil ambigens interea, quin iuuentus Germanica, Gallicæ linguæ addiſcendæ cupida, pro occaſione ſibi à vobis ſubminiſtrata, quantas maximas poterit, gratias ſit actura. Valete foelices ter & ampliùs in Chriſto qui ſuo vos praeſidio perpetuò tueatur, & ad nominis ſui propagationem conseruet, Spiritúque ſuo ſancto vſuque in vitam æternam perducat, Amen. Marpurgi Hæſſorum, Calendis Augusti.

III. Gerard du Vivier oder de Vivre.

Die nächst zuerwähnende Grammatik ist die:

Grammaire Francoiſe, touchant la lecture, Declinaiſons des Noms, & Coniugaiſons des Verbes. Le tout mis en François & Allemang, Par Gerard du Viuier Gantois, Maiſtre d'Eſcole Françoiſe, en ceſte Ville de Coloigne, Deuant les Freres Mineurs.

Franzöſiſche Grammatica Wie man die Sprach ſoll lehren leſen vnd ſchreiben Die Nomina Declineren vnd die Verba Conjugerren. Geſatzt in Frantzöſiſch vnd Teutſch Durch Gerhardum von Viuier Frantzöſiſcher Schůlmeiſter in diſſer Stadt Cöllen für bem Minrebrüder Clooſter.

Gebruckt zu Cöllen burch Marternum Cholinum M.D.LXVI.[1])

Dieselbe ist deutsch geschrieben und sehr unvollkommen. Ich theile daraus die französische Widmung und die Ausspracheregeln mit:

AV TRESNOBLE ET TRESINGENIEVX ADOleſcent Seigneur Arnoldt de Segen, Gerart du Viuier Gantois, ſouhaiſte accroiſſement d'engin, & treshumble Salut.

COmbien (Monſieur) que ce mien petit labeur ne merite pas aſsez bien d'eſtre dedié à Vous, à cauſe de sa petiteſſe & peud'engin quy yeſt contenu. Tonteſfois ayant esgard à Voſtre beneuolence & humilité enuers moy, il ne m'a peu entrer en fantaſie de le dedier à autre plus propre qu'à Vous. Tant pour le bon commencement que Vous auez en ce langage, lequel par Voſtre tresgrande deligence & conſtance auez apprins de moy, qu'auſsyque ſous Voſtre protection, il sera aggreable à un chaſcun: principallement pour la longue & honneſte conuerſation & familiarité d'entre Vous & moy, apperceuant auſsy, qu'il y en a tant quy ont eu quelque bon commencement, & ie ne ſcay pour quelles raiſons ils ont delaiſſé de par acheuer une choſe, de ſy grande conſequence? Poſsible eſmeu de legereté, ou de peu d'amour qu'ils yont en Quoy qu'il en ſoit, ie puis bien dire, qu'il n'y en a eu un, (de plus de cinquante) quy aye perſeueré, comme Vous aues fait. Delaquelle conſtance ie ne Vous puis aſſez louer, car fermeté eſt une uertu grandement louable, & ce principallement ès ieunes gens, quyſont naturellement legers d'eſprit.

---

[1]) Ein Exemplar davon ist in München. Thurot erwähnt unseren Autor, aber Livet und Tell kennen ihn nicht, Benoist hatte keinen Anlass ihn anzuführen.

GERARD DU VIVIER.

Pource (Monsieur) ie Vous le dedie, vous suppliant de l'accepter de tel coeur, comme ie Vous l'ay dedié. Et ferez` bien, a Dieu. De nostre Escole Françoise, ce premier iour de May, L'an de nostre Seigneur. 1566 Par le tout. Voſtre humble & obéiſsant Seruiteur, Gerard du Viuier Gantois.

DE LA LECTVRE Vnd die Franzöſiſche Sprach recht zu lehren leſen vnd ſchreiben. — A' Die Franzöſiſch A' mit dem accent' iſt Praepoſitio, heißt zu/ an/ oder mit/ vnd die A ſunder accent iſt Verbum. — ç Genant ç à croc, für die a/ vnd o/ thut eben ſo vil als ch/ wie Je reçoy. Ich empfangen — E' Die E' mit dem accent' muß harter außgeſprochen ſein dann die ander E. Il a esté trompé de ſon hoſte. Er iſt bedrogen geweſt von ſeinem Wirdt. — G. Wanner nach g/ e/ oder i/ folget, wirdt die g/ geleſen wie i/ conſonans, als Geſir au Giron, Im ſchoß ligen. — H. Im anfang eines wordts, wirdt nit pronunciert, als Vn honeſte homme, Ein ehrlicher Man. — L. Wenn zwey ll/ nach einander folgen vnn da ein i/ für ſtehet, wirdt die letſte l/ geleſen wie i/ conſonans, als: vn merueilleux vieillard, Ein wunderlicher alter Man. Diſſe zwey nement auß: Ville ein Stadt. Mille bauſent. — Qu. wirdt gebraucht wie ein k/ als, Qui conques que ce ſoit, wer es auch ſei. — S. wirdt nit außgeſprochen, dann wannehr dar ein vocal nachfolget im ende einer reden vnnd in numero plurali, wie Les auaricieux jamais ne ſont ſaouls, die geitzigen ſeindt nimmer verſediget. — X. Im endt eines worts wirdt gebuchſtabet wie ein s/ als Aux yeux plaiſent choſes nouuelles den augen gefäl neuwe dingen. — St. In der Franzöſiſcher ſprachen wirdt die s/ ſelten außgeſprochen, denn allein in etlichen Verbis die vom Latein herkommen, als Inſtruire, vnderweiſen etc. — Et wirdt allein die e/ pronunciert. —'Diß zeichen heiſt ein Apoſtrophe vnd bedeut ein e/ aber es wirdt nit außgeſprochen, als l'iray. Ich ſoll gehen. Weiter von dem Apoſtrophen zu reden: So wiſſend, daß man die Apoſtrophe braucht, wann zwey vocalen ſich bey ein fügen von zweyen verſcheiden wörtern, vnd wirdt davon ein wort gemacht, als J'ay, Ich haben für Je ay, vnn alſo von vilen anderen. — Das man aber ſicher Regulam ſoll geben, wannehr daß man die brauchen ſoll oder nit, iſt nit wol müglich: denn das iſt in der übung gelegen. Es geſchicht aber, das man die vocal I/ ſelten apoſtrophert: als ob man ſoll ſagen. Qu' est la für Quy est la? Wer iſt da? Nochtanniechſt in diſem wort wirdt die i/ apoſtrophiert, gleich wie S'il eſt poſſible, wann es müglich iſt, für Sy il est poſſible. Auch wirdt die a/ ſelten apoſtrophiert, denn allein im Artikel La, gleichwie L'amour, für La amour, die liebe. — Von den Diphtonguen die man in dieſer Franzöſiſcher ſprachen braucht vnd erſtlich die ſy von den Griechen haben, als: Ai als Maiſtre. Oi als François. Ei als Feid. Ou als Tout. — Diſſe vier Diphthongi haben ſy von den Griechen, vnd pronuncieren die auch wie die Griechen. — Ai oder Ay In Maiſtre, hie vnd in allen andern wirdt die ay geleſen wie ein ei: Außgenommen, wenn nach ay, zwei ll/ folgen dann iſt die ay kein Diphthonge. — Oi oder Oy In François, hie vnd in allen andern wirdt das oy gar hell außgeſprochen. — Ei oder Ey In Feid, vnd in vilen andern wirdt die ey pronunciert, wie ein i. — Ou In Tout wirdt pronunciert, wie die Deutſchen die u vocal pronuncieren. — Die Franzöſiſche haben auch Diphthongi von den Lateiniſchen, gleich wie Au In autre. Eu In pourueu. Wiewol daß die Griechen dieſelbige Diphthongi haben, ſo pronuncieren ſy die nochtaniſch gleich wie die Lateiniſchen, vnd nicht wie die Griechiſchen. — Die Franzöſiſchen haben auch Diphthongi, die den Griechiſchen vnd Lateiniſchen vnbekandt ſein: Gleich wie Aa In Aage, wirdt geleſen wie ein a. — Ao In Saoul, wirdt geleſen wie ein o. — Ea In Songea. Vengeance wirdt die ea geleſen wie ein a. — Ée In Mariée. Die erſte é, mit dem accent wirdt harter außgeſprochen, denn die letſte. — Ey In Neige, Peine. Diß iſt ein ander Diphthongus, denn der Griechiſche, da man nit mehr höret als die i/ benn hie hört man beyde die buchſtaben. — Ia In Iadis, Iamais, &c. hie werden ſy zuſamen hart außgeſprochen. — Ie Jn Rien, Riuiere, &c. hie muß man beyde die buchſtaben perfect hören. — Io Jn Difions, Aimions &c. hie muß man die i/ kaum hören. — Oe Jn Oeuure, Boette, &c. wirdt pronunciert wie die Deutſche ö. — Vi Jn Nuit, Suiure, &c. hie muß man beyde die buchſtaben vnbereinander hören. — Hernach folgen die Triphthonguen, aber die von breuen buchſtaben. — Eau Jn Veau, anneau, &c. — Eoi Jn bourgeois, changeois &c. wirdt pronunciert eben ob die e/ ba nit were. — Eui Jn veuille, deuil, &c. — Ieu Jn Dieu, lieu, &c. Eben wie die Lateiniſche iu in diu. — Iei Jn vieil, vieille &c. Eben ob die letzte i/ ba nit were. — Oeu Jn Soeur, oeuf, &c. — Oie Jn ſoient, vouloient &c. das man die i/ naw höre. — Oui Jn bouillir, mouiller, &c. — Oei Jn oeil foeille &c. — Vuy Jn vuyder, vuyde, &c. Eben wie die Deutſchen die w/ pronuncieren.

Du Vivier war ein sehr fruchtbarer grammatischer Schriftsteller. Schon 1568 folgte 2) seine: »Briefve inſtitution de la langue françoise expliquée en aleman« erwähnt von Thurot[1]), dann 3):

»Synonymes Ceſt a dire Pluſieurs propos, propres tant en escrivant qu'en parlant, tirez quaſi tous à vn meſme ſens, pour monſtrer la richeſſe de la langue Françoiſe. Recueilliz en Francois & Aleman, par Gerard de Vivre, Profeſſeur public, & Maiſtre d'eſcole de ceſte ville de Cologne, en langue Francoiſe. — Synonyma. Das, ein verſamlung viler wort eines gleichen verſtandts vnd meinung, erzeichend die Reichtumb der Fratzoſiſcher ſprachen, gleich im ſchreiben als auch im leſen. Zuſamengetragen in Franzoſiſcher vnnd Teutſcher Sprachen, durch Gerhardum Viure, öffentlichen Leſer vnd Schülmeiſter der bemelter Sprachen, in der Löblicher Reichsſtadt Cöln. Gedruckt zu Cöln, bey Henrich von Aich für Mariengarden. Anno 1569 in Auguſto«.

Es sei daraus folgendes mitgetheilt a) aus der Widmung:

»A Tres illuſtre et tres magnanime Prince Monseigneur Charles, Duc de Iuliers, Cleues, & Berg, Conte de la Marche & Rauenſperg, Seigneur de Rauenſtein &c. Monſeigneur. La malice du temps a par pluſieurs fois, & en pluſieurs endroits eſté cauſe, de la diſſipation de pluſieurs ſciences, arts & bonnes practiques: & pour faire preuue de ceci, ne ſeroit grandement neceſſaire de cercher exemples loingtains, car Helas, nous n'en voyons que beaucoup trop deuant nof yeulx, meſmement en ce temps ici, de la deſolation des Pays Bas, lequel a quaſi dégorgé & vuydé hors tout ce qu'il auoit de ſcauant, de bon & de ſubtil, ſi que ne luy reſte que bien petite cheute, pour eſtre ruiné du fond en comble.... Et Suiuant cela, meſme en ceſte renommée ville de Cologne & és Pays de voſtre Exc. ſe ſont (puis peu de temps ença) renduz pluſieurs tant Marchands, gens Mechaniques, que de ceux qui ſont eſtat d'enſeigner diuerſité de Langages, & entre aultres aucuns bons Maiſtres & Enſeigneurs de ceſte langue Françoiſe, laquelle, auant ma venuë en ce Pays ici eſtoit

---

[1] Hiervon ist kein Exemplar in München, wohl aber von den übrigen zu erwähnenden Schriften unseres Verfassers, ausser von den »Fondements«, von welchem jedoch (nach freundlicher Angabe von Prof. E. Picot in Paris, dem ich auch noch andere literarische Nachweise verdanke) die Utrechter Universitätsbibliothek eines besitzt.

tant eftrange & incogneuë aux Habitans, que quafi n'en faffoient aucun compte. Voire aucuns eftoient fi temeraires & ftupides de le mefprifer & vili pender. Mais comme le temps amene changement, ils ont commencé à entendre la grande vtilité, que peult amener á vne Republique, vn, ou plufieurs langages, estants deuëment enfeignez á la Ieuneffe: laquelle ne peut par trop eftre exercée en bonnes difciplines. Or doncques, fuiuant ma premiere intention, qui a toufiours efté, & encores eft de cercher par tout & en tout le commun prouffict, enfemble pour feruir d'ayde & foulagement aux Bons Maiftres, (desquels auons fait mention) & confequemment á L'auuancement du Ieune aage, pour leur monftrer le chemin le plus court, de pouuoir uenir á quelque perfection en ceftuy langage, a fin auffi, defueiller de plus en plus les efprits endormiz, i'ay miz peine, de reduire en vn petit volume, quelques fynonymes, propres (pour ceux qui commencent á prendre quelque gouft au françois) tout en efcriuant quen parlant . . . . Supliant, que plaife à voftre Exc. de prendre pour aggreable, ce mien petit offre & prefent, ce que fera caufe de menployer à publier par ci apres quelques autres oeures, qui pourroient feruir de plus grand esclairciffement, á la Ieuneffe, qui defirent d'apprendre ce langage«.

b) aus dem Vorwort:
»Av LECTER. Amy lecteur, ie vous advertiray de trois points [1) Die Zeit fehlte das Buch so vollkommen, wie es wünschenswerth war, zu machen]. Secondement. Qu' outre l'ancienne couftume d'efcrire, ay prins la hardieffe (á mon advis toutesfois pour le bien & avancement de la Ieuneffe) de faire mettre ce figne d'Apoftrophe, toutes les fois que quelque Verbe en la tierce perfonne uienne à rencontrer fon article, il, apref foy, ou, quelque autre diction commençante par Voielle, comme en ceft exemple. fol. 8. *Il nous fera' adiourner.* & fol. 9. *Ne vous baillera' il plus de credit?* Le quel fe doibt lire auec vne reprinfe d'haleine, quafi, comme sil y avoit vne lettre t entre deux«.

Die Synomik zeigt alphabetische Anordnung und beginnt S. 1 mit *aage* Jungkheit, zu dem 12 Wendungen verzeichnet sind.

1. Des mon Ieune aage. 2. Des qu'il commençoit venir en aage. 3. De fa ieuneffe. 4. En mes premiers iours. 5. Ie t'ay cogneu des ton enfance. 6. Des ton adolefcence. 7. Si toft qu'il fut forty hors d'enfance. 8. Des fes premiers ans. 9. Des fes premiers ongles croiffants. 10. Eftre de bas, ou, petit aage. 11. Commencement d'aage. 12. Des le berceau. (*Zu 9 steht die Randglosse*: (Cecy n' est pas beaucoup en vfage, *zu 11* Voyez enviellesse).

Es folgen *abandonner, abbaiffer, abhorrer, abolir, abonder, abstenir* etc. Das ganze schliesst p. 284:

»Vuyder, lebig machen: 1. Vuydez ceci. 2. Il l'a vuidé & porté dehors. 3. Vvyder & defemplir. 4. Lef vieulx foffez ont efté purgé & vuydé. 5. Cela eftoit tout vuyde & n'y auoit rien dedans. 6. Dieu remplit de biens ceux qui ont faim de iuftice & laiffe les riches vuydes.

Darauf folgt noch ein alphabetischer Index der Worte.

Weiterhin verfasste unser Autor 4):
DOVZE DIALOGVES ET COLLOQVES, TRAITANTS DE DIVERSES MATIERES, TRESpropres aux Nouveaux Apprentifs de la Langue Françoife.

Compofez par Gerard de Viure, Maitre d'Efcole en la Ville de Coloigne. L'indice vous enseignera la Teneur de ces Colloques. Twaelf tfamen=fprekingen Tracterende van verscheyden Materie seer bequame voor de nieu Leer=iongers der Franzoifscher Spraken. Verfamelt deur Geeraert van den Viure, Franzoifche Schoel=meefter, binnen der Stadt van Ceulen. T'Antwerpen By Jan van Waesberghe, op de Lowaet=merct in den Schilt van Vlaenderen. Anno 1574 Met Privilegie in 4°.

Daraus stehe hier folgendes:

Avx Lecteurs. Ceux qui ne me cognoiffent point bien, auront (peut eftre) eftrange, ou, mauuaife opinion de moy, pource que celuy qui neft paf François, ains Flamen, & de Langue & de naiffance, ait ofé entreprendre de faire des Colloques & autres choses en langage François, & penferont quelques vns, que ie le face, ou, pour ambition de gloire, ou d'argent, ou bien, par enuie, pour anichiler le labeur d'autruy, & exalter le mien feul. Mais que toutes ces opinions foyent faulfes, appert bien, parce que ie me fens tellment incoupable de tels crimes, que ie ne crain point le mefdire, ni le blafmer de perfonne du monde : Voire, ie fai bien, & ne doute nullement, que les François natifs, & ceux qui ont bon iugement, ne prendront iamais en mauuaise part, ce que i'ay fait iufques à l'heure prefente. Pource que ie n'ay rien compofe, fi non ce, a quoy les François naturels, & gents doctes, ne voudroient employer leur tems, car ce n'eft que chofe, feruant aux apprentifs, & enfants ou ieunes gents, aufquels i'effaye de donner vn defir & efguillon d'amour, qui les incite & induife a lire Liures & Autheurs, qui efcriuent plus doctement, & defquels ils peuuent puifer la totale parfection de cefte langue Francoife. Mais quand bien i'y penfe comment feroit il poffible, que les Francois, ou gents de bon entendement, ou fain iugement, conceuffent autre opinion que bonne de moy, attendu, que lon voit bien, que ie ne cerche autre chofe, que de recommander & faire fleurir leur langage, entre Gents d'eftrange Nation, m'offrant de le leur monftrer, d'vne telle facilité, qu'il n'eft quafi poffible de plus, & par ce mefme moyen, ne fay que purifier & faciliter ce que parauant, fembloit à d'aucuns (& principalement aux Hauts Alemans) fort difficile, confuz & malaifé à entendre & apprendre. Ce que i'en dis, n'eft pas par conjecture, ou (comme on dit en commun Prouerbe, Je n'en iuge point, comme l'Aueugle des couleurs) car i'ay efté le premier, qui ait monftré la Langue Francoife aux Hauts Alemans, & à mon aduis, il n'y à Nation en toute l'Europe, à qui il foit plus difficile d'enfeigner cefte Langue (pour la grande difference qu'il-y-a, entre le vray Haut Aleman, & le naif Francois) qu'à ceux là : Toutesfois mon entreprife m'eft affez bien fuccedée, car (parlant fans vanterie) J'ay heureufement miz en effect, ce que plufieurs pardeuant moy, n'ont iamais feu mener à bonne Fin. &c. — Indice 1. De Propos comuns entre les Efcoliers f. 1. — 2. Dvn leuer matin f. 4. — 3. De faire vn Meffage f. 7. — 4. D'examiner quelques Difciples f. 10. — 5. Du chemin & voyage f. 16. — 6. De la cuifine & des vtenfiles d'icelle f. 21. — 7. D'vn difner, ou Repas Scholaftique f. 26. — 8. Dun foupper magnifique f. 22. — 9. Du prin-tems, & de fa proprieté f. 40. — 10. De l'Éfté, & des chofes propres à iceluy f. 48. — 11. De l'Automne, & ce qui en depend f. 55. — 12. De l'Hyner, & de fon naturel f. 62. — Av Zoyle. Zoyle, Zoyle, ie te voy des-ia tout preft, en grinçant les dents pour me mordre, mais ie ne crain point tes morfures, encore que tu euffes les dents longues, comme depuis Anvers iufques à Coloigne. — f. 68 CONCLVSION DE L'AVTHEVR. TRESCHERS & bienaimez Difciples, ie vous ay bien voulu aduertir d'vne

chofe, c'eft que fi vous trouuez quelques Dialogues traitants trop brieuement, & non paſ aſſez amplement, leſ choſes, qui ſ'y difent & racontent, vous prendrez la peine (fi vous voulez prouffiter) de parlire & confronter ceux ci, à mes autres Dialogues traictants du faict de la Marchandife, car leſ vns font faicts pour ſuppléer au défaut des autres . . .
rührt von Du Vivier her 5):

Les Fondaments de la langue fr. compofé au faveur des Alemāns Cölln 1774

und 6):

Lettres missives familieres entremeslees de certaines confabulations, non moins vtiles que recreatiues Enſemble devx livres de l'vtilite du train de Marchandife. Le tout compofé, par Gerard de Vivre A Coloigne, chez Gerard Greuenbruch, à la rue dicte Bechergaſs. MDXCI.

Die Bücher »de l'utilité du train de Marchandise«, denen ebenfalls »lettres missives« eingefügt sind, haben einen Specialtitel und sind dem Senat und Volk der Stadt Anvers gewidmet. Die Dedication steht am Schluss und ist »Coloigne ce 1. Oct. 1588« dadirt. Sie müssen aber, wie 4) ergiebt, schon 1574 ein Mal gedruckt gewesen sein. — In der Vorede zu den »lettres missives« hebt der Verfasser hervor, er habe dieselben einer Erzählung eingefügt und sich bemüht *de les mettre en lumiere, d'vn lagage commun, & fluide*, während andere Verfasser von früheren Briefformularen sich bestrebt hätten *de rendre leurs eſcrits difficiles & obſcurs.*

Bemerkt sei, dass Henricus Stephanus (Hypomneses S. 214) sich über Nr. 5 unseres Grammatikers folgendermassen äussert:

Ecce alium Gallicæ linguæ doctorem, qui nihilo minore cum cautione quàm ſuperiores, legendus eſt. Docet enim & ipſe pro Gallicis nonnulla quæ planè pſeudogallica funt, & quidem in ipſo etiam limine, vel potius in ipſis fundamentis, quæ limen illi funt, impingens. Vnum enim è ſuis libellis inſcribit, *Les fondamens de la langue Françoiſe*: quum tamen in ipſum quidem veræ Galliæ vulgus vocem illam *Fondamens* pro *Fondemens* fit admiſſurum. Ac, ne quis hunc errorem non illi fed typographo imputandum exiſtimet, ſciat eandem vocem in duobus epiſtolæ locis repeti. Apud eundum legimus. *Naſſoy, Naſquiſſe, Naſqui*: item, *Je couriray, Je couriroy*: quis tamen Gallus *Naſſoy* pro *Naiſſoy*, *Couriray* & *Couriroy* pro *Courray* & *Courrois* dicit? Eius bæc quoque funt, *Combien que j'eu ouy, Combien que nous eumes ouy*: quum dici tantùm poſſit, *Combien que j'aye ouy, Combien que nous ayons ouy*: vel, *Combien que j'euſſe ouy, Combien que nous euſſions ouy.* Sed audi quæ non ſolùm cum puritate Gallicae linguæ, fed cum ratione etiam & modo non cum ſenſu communi pugnant, *Pleuſt à Dieu que j'aye ouy, Dieu vueille que j' oiroy.* Talia ſunt hæc, *Dieu vueille qu'il m'euſt fallu, Pleuſt à Dieu qu'il me faudroit.* Item, *O qu'il m'ait falu* (nam & hoc Optatiui eſt modi). Hæc inquam, cum ratione etiam & ſenſu communi pugnant: non aliter quàm ſi Latinè diceres, *Vtinam ego audiuerim, vtinam ego auditurus sum.* Eadémque et in altero exemplo est absurditas.

IV. Antoine Cauchie.

Zuletzt sei noch die wiederum lateinisch geschriebene ziemlich umfangreiche Grammatik von Antonius Caucius »Grammatica gallica suis partibus absolutior quam ullus ante hunc diem ediderit« erwähnt. Die erste Ausgabe erschien Paris 1570, die zweite, veränderte nach Thurot wohl 1575 und neu abgedruckt 1578, eine dritte, im wesentlichen aus der zweiten verkürzte 1586. Auch seine recht verdienstliche Arbeit wird, wie bereits erwähnt, von H. Stephanus (S. 203 der Hypomneses) kritisirt. Weder Tell noch Livet erwähnen sie auch Benoist hat sie für seine Arbeit nicht verwerthet, obwohl in ihr die Syntax ausführlicher als vordem behandelt ist. Ich theile aus der Widmungs-Epistola nach der ersten Ausgabe, von welcher ich ein Exemplar besitze, einige für den Verfasser bezeichnende Stellen mit:

NOBILIBVS ET MAGNÆ SPEI IVVENnibus, FRANCISCO ac BREDÆ Ranzouijs, fratribus, C. V. HENRICI Ranzouij filijs: nec non BREDÆ Ranzouio, eorum cognato, NICOLAI Ranzouij V. C. filio, Holfatis, s. .... Veram nihilominus distinctamque Pronominum distributionem ab omnibus fine dubitatione requiro, ut de alijs nihil dicam, quæ pafsim per hanc Grammaticam fusa reperientur. Syntaxin porrò & connectendarum uocum rationem ab ijs prætermiffam effe, non poffum non uehementer demirari: præfertim cùm ea princeps fit maximeque neceffaria Grammatices pars: quippe ad quam reliquæ referuntur. Etenim quod quidam, nefcio quis[1]), paginam unam de unius aut alterius uocis ordine, rudi Minerua differendo, impleuit, Syntaxeos nomine indignum iudico. ... Ac iam quartum annum Germanis utebar, cùm ad hanc conditionem arcefsitus cœpi maiore animi contentione in id studij incumbere: nam quum meipfum refpicerem, inueftigare constitui, num commodiore uia ad linguæ nostræ cognitionem uos poffem deducere, quàm alij præmonstrârant. Animum itaque intendi, oculos huc illucque conieci: tandem libellum comperi, in quo permulta notatu digna (cùm Louanij in florentifsima Belgarum Academia, tùm in Infula Alfienfi apud Ioannem Blomium Nobilem Holfatum, uirum non minùs ingenij, quàm generis gloria clarum) olim annotâram. Hæc euolui, relegi, correxi, ordine donaui, &, quantum temporis anguftiæ permiferunt. auxi in quo quantum operæ posuerim, facilè iudicabunt aequi rerum æstimatores. ...

---

1) Wohl J. Garnier, welcher zuerst einige Bemerkungen »de syntaxi« am Schluss seiner »Institutio« gegeben hat.

B. Zur Geschichte der romanischen Philologie in Deutschland während des 19. Jahrhunderts.

I. *Friedrich Wilhelm Valentin Schmidt.*

Als der verdienteste Vorläufer der romanischen Philologie in Deutschland muss, abgesehen von L. Uhland, unstreitig Fr. W. Valentin Schmidt gelten. Man könnte ihn auch in einer Beziehung als den Felix Liebrecht oder Reinhold Köhler des zweiten und dritten Decenniums unseres Jahrhunderts bezeichnen. Eine kurze Skizze von der manchem heutigen Romanisten nicht mehr hinreichend gegenwärtigen Thätigkeit dieses der Wissenschaft zu früh entrissenen Gelehrten möge daher hier ihren Platz finden. Die Kenntniss von einigen seiner gedruckten Schriften wie von seinem handschriftlichen Nachlass verdanke ich seinem Sohne, meinem verehrten Collegen Prof. L. Schmidt hierselbst. Vielleicht veranlassen diese Zeilen einen Fachgenossen, dem die Studien V. Schmidts näher liegen als mir, zu noch weiteren Mittheilungen oder zur Veranstaltung einer theilweisen Neuausgabe seiner Arbeiten, für welche handschriftliche Nachträge in des Verfassers Handexemplaren zu Gebote stehen würden. Am 16. September künftigen Jahres werden es 100 Jahre seit V. Schmidt das Licht der Welt erblickte. Er wirkte zuerst als Collaborator und seit 1818 als Professor am Berliner Köllnischen Gymnasium, habilitirte sich am 9. Januar 1819 als Privatdocent an der Universisät und wurde am 28. April 1821 zum ausserordentlichen Professor ernannt, ziemlich gleichzeitig wohl auch zum Bibliothekar an der königl. Bibliothek. Er starb am 11. October 1831 an der Cholera. J. Grimm erwähnt seinen Tod mit Bedauern in einem Briefe an von Lassberg (Vgl. Germania v. Pfeiffer XIII, 375) Schmidts Nachfolger wurde 1843 Victor A. Huber in Marburg. Die Professur blieb also wohl längere Zeit unbesetzt.

1817 veröffentlichte Schmidt eine Übertragung der »Märchen des Straparola, welche einen nicht fortgesetzten »Märchen-Saal« eröffnete und werthvolle Anmerkungen aufweist, bei deren Abfassung dem Verfasser »die Sachbemerkungen der Philologen zu den griechischen und römischen Schriftstellern« vorschwebten.

»Ich wünschte, fügt er hinzu, darin auch meinerseits einige Beiträge zu einer künftigen ausführlichen Geschichte der romantischen Poesie zu liefern, welche ebensowohl den Stoff (Volkssagen, Sitten, Glauben u. d.) als die Form (die klassischen Erzeugnisse der einzelnen Dichter, und deren Literatur) in geschichtlicher Entwicklung umfassen müsste. In dieser Beziehung habe ich nur die durch ihre vormalige oder jetzige Verbreitung bedeutenden Werke berührt«. Schon 1818 liess Schmidt seine »Beiträge zur Geschichte der romantischen Poesie« folgen, deren Titel wohl Diez bei dem vorschwebte, unter welchem er sieben Jahre später seine Untersuchung »Über die Minnehöfe« erscheinen liess. In Schmidts Beiträgen wird zunächst das Geschichtliche sowie die Quellen und Nachahmungen des Decameron beleuchtet, dann eine Erzählung aus den »Sieben weisen Meistern« mitgetheilt und im Anschluss daran Anmerkungen und eine Zusammenstellung der Sagen vom mythischen Virgil. Es folgt dann der Abdruck von der Abhandlung des Paracelsus von den Undinen, Sylphen, Gnomen u. s. w. Den Schluss bilden »Vermischte Bemerkungen im Felde der romantischen Poesie. Das nächste Buch von Schmidt ist die 1819 erschienene Übersetzung von Deckers Fortunatus »mit einem Anhang ähnlicher Märchen dieses Kreises und einer Abhandlung über die Geschichte des Fortunatus«. Im selben Jahre erschien auch eine Abhandlung »Über die Kirchentrennung Englands, Schauspiel, des D. Pedro Calderon«. Das Jahr 1820 brachte den dritten, von V. Schmidt selbst verfassten Theil der »Rolandsabentheuer«, während die zwei ersten, welche eine deutsche Bearbeitung Bojardo's enthalten von seiner Frau herrührten, von ihm aber herausgegeben wurden. Dieser dritte Theil trägt auch den besonderen Titel: »Über die italienischen Heldengedichte aus dem Sagenkreis Karls des grossen« Hier findet sich ein sehr reiches Material zusammengetragen, zu welchem auch der heutige Forscher noch oft genug greifen muss. Ende 1821 hielt Schmidt eine Rede über Dante's Divina Commedia (abgedruckt in der Einladungsschrift des Berlinisch-Köllnischen Gymnasiums von 1823) und 1822 gab er eine »kritische Übersicht und Anordnung der Dramen des Calderon« aus Anlass einer Anzahl neuer deutscher Calderon-Publicationen (im Anzeige-Blatt für Wissenschaft und Kunst 1822 Band XVII S. 1 ff.), welcher 1824—26 die zu ihrer Zeit so werthvolle Anzeige von Dunlop's 1816 erschienener »History of Fiction« in den Wiener Jahrbüchern Bd. XXVI, XXIX. XXXI u. XXXIII folgte. Die zwei mittleren Theile dieser Anzeige wurden 1842 vom Baron F. de Roisin unter dem Titel: »Les Romans en Prose des Cycles de la Table Ronde et de Charlemagne« ins Französische übertragen (gedruckt in den: »Mémoires de la Société des

Antiquaires de la Morinie«). Der Übersetzer, welcher auch Diez' »Essai sur les cours d'amour« im gleichen Jahre ins Französische übertragen hatte, bemerkt hinsichtlich des Verfassers: »W. Schmidt est avec le poète Uhland, un de ces Allemands, dont le zèle scientifique ne voulait pas se restreindre aux limites d'une nationalité, et qui, les premiers, sollicitèrent éloquemment la France de porter ses regards en arrière et de se ressouvenir d'un passé littéraire glorieux. Certes, un tel homme était appelé à rendre d'eminens services à la restauration des lettres romanes«. Ebenfalls in den Wiener Jahrbüchern 1827 im Bd. 39 S. 240—82 erschien dann noch eine Anzeige von Taafe's »Comment on the Divine Comedy of Dante« Vol. 1 London 1822 und Abeken's »Beiträge für das Studium der göttl. Komödie« Berlin u. Stettin 1826, und in Bd. XLIII, S. 84 ff. 1828 eine gleiche von Keil's Calderon-Ausgabe, welche den 1822 erschienenen Artikel fortsetzen und ergänzen sollte. Die letzte selbständig erschienene Arbeit Schmidts ist die sorgfältige Ausgabe von »Petri Alfonsi Disciplina Clericalis« Berlin 1827, welcher eine sehr schätzenswerthe Einleitung und umfangreiche Anmerkungen beigegeben sind. Eine anerkennende Besprechung derselben lieferte Diez in den Jahrbüchern für wissenschaftliche Kritik. Stuttgart und Tübingen 1829 (Sie ist wieder abgedruckt von Breymann in: »Diez' kleinere Schriften« S. 64 ff.). Aus dem gedruckten und ungedruckten Nachlass seines ihm in früher Jugend entrissenen Vaters gab schliesslich 1857 Leopold Schmidt das umfangreiche Buch: »Die Schauspiele Calderons dargestellt und erläutert von F. W. V. Schmidt« heraus.

Der ausserdem noch vorhandene literarische Nachlass von V. Schmidt besteht ausschliesslich aus Vorlesungsheften. Da ist erstens ein dicker Band, welcher einen nahezu vollständigen Dante-Commentar enthält, ein anderer enthält Vorlesungen über die Literatur des Mittelalters, welche zuerst, scheint es, 1826 fünfstündig von Schmidt gehalten und 1829 wiederholt wurden. Es ist das eine sehr breit angelegte, die gesammte, besonders aber die lat. Literatur des Mittelalters behandelnde Darstellung, dem ein Abriss der Diplomatik voraufgeschickt ist. Recht interessant für die persönliche Auffassung Schmidt's ist die Einleitung:

... Wir lesen also Litteratur-Geschichte nicht in der Absicht den gegenwärtigen Zustand der Litteratur zu erklären. Das scheint egoistisch. Es schmeichelt uns, dass gerade wir Menschen 1829 der Mittelpunkt sein sollen, um den sich alles dreht, wie die Erdbewohner, dass sich die Sonne um die Erde dreht. Allein jede Zeit hat ihr eigenes Recht und Maass. Jede ist dem Ewigen, das über aller Zeit ist, der Zeit nach gleich nah, und ist ihm eine näher, so liegt das in ganz etwas anderm als in der Menge der Jahre. Fortschritt und Rückschritt wechseln. Gewöhnlich gedeiht Ein Talent, Ein Zweig auf Kosten des andern.

Scheint dieses hart anzustossen gegen die Gedanken von Erziehung und Vervollkommnung des Menschengeschlechtes, so ist das nur Schein. Wir können die Sterne nicht zählen und kennen die unabsehliche Kette und Leiter nicht, in der wir eben auf Einem Punkt sind, um hier geprüft zu werden. Ich wenigstens würde in dem Augenblick aufhören mich mit Geschichte, sei es litterarische oder politische, zu beschäftigen, wo ich zu der Überzeugung gelangte, dass wir jetzt in allen Beziehungen weiter wären als die Vorfahren. Denn jede Geschichte sieht zurück in die Vorwelt. Man könnte dann seine Zeit besser brauchen. Naturwissenschaften, spekulative Philosopie und natürlich Theologie, Mathematik, lebende Sprachen für den bürgerlichen Verkehr wären dann allein lohnend. — Litteratur-Geschichte hat ihren absoluten Werth in sich ... sie hat aber auch einen relativen Werth, d. h. sie ist nützlich ... In den wichtigsten Büchern aller Zeiten ist das beste niedergelegt, was in jenen Zeiten lebte. Die Litt.-Gesch. giebt den Schlüssel dazu. Jeder wissenschaftlich Gebildete wird und soll sich ein einzelnes eigenes Gebiet der Litt. aussuchen, das er mit Vorliebe behandelt und kennen lernt. Aber die Kunde der vorzüglichsten synchronistischen und ehemaligen Leistungen ist dabei wesentlich erforderlich ... Ohne Kunde der Litt.-Gesch. ist litterarisches Bestreben isolirt und selbstsüchtig ... (Weiter warnt Schmidt vor Überschätzung der Bibliographie, vor der Bibliomanie der Engländer)... Vieljährige freie Benutzung der hiesigen königl. Bibliothek sowie einige literarische Reisen setzen mich in den Stand genau und pünklich zu sein, ohne in Mikrologie zu gerathen.«

Ein drittes Vorlesungsheft betrifft die moderne Literaturgeschichte, deutsche wie fremde, ein viertes die Geschichte der dramatischen Poesie, welches wohl 1822 verfasst und 4 Jahre später überarbeitet wurde. Ein fünftes mit dem vierten zusammengebundenes handelt über Calderon. Von dem letzten ist aber nur der Anfang erhalten. Die Darstellung bricht in der Besprechung von Lope de Vega ab. Auch aus dem vierten und fünften Hefte seien hier einige Stellen ausgehoben. Der Eingang des vierten lautet:

»Der Weg, welchen wir gemeinschaftlich in zugemessener Zeit zu machen gedenken, ist lang. Daher ohne weitere Einleitung. Wir alle, die wir uns mit der Geschichte der Kunst und Litteratur beschäftigen, verdanken den kritischen Bestrebungen A. W. Schlegels vieles Herrliche. Unter grossem Widerspruch der Wort-führenden Zeitgenossen vor etwa 20 (24) [1802] Jahren setzte er nicht bloss fort, was Winkelmann, Lessing und Göthe bereits angeregt hatten, sondern, was wohl nicht sein kleinstes Verdienst ist, er machte uns wieder aufmerksam auf Dichter, die vorher nicht viel mehr als den Namen nach den Literattoren bekannt waren. Die Untersuchungen dieses Mannes über dramatische Kunst und Literatur erschienen zuerst [1809-11] während der Franzosen-Herrschaft in Deutschland und trugen gewiss manches dazu bei, deutsche Gründlichkeit und Unpartheilichkeit aufzufrischen und selbst den Ausländern ehrenwerth zu machen. . . . Da unser Collegium Einen und denselben Gegenstand mit Schlegels weitverbreiteten Vorlesungen behandelt, so ist es zuvörderst nöthig Ihnen vorzulegen, auf welche Weise sich unsere Untersuchungen an die Schlegelschen anschliessen sollen. Auch wir wollen die Geschichte der dramatischen Dichtkunst bis auf die neueste Zeit hinab führen. Schlegels Publikum war aber gemischt, er musste Vorurtheile und Irrthümer bei demselben voraussetzen, welche Jünglingen auf deutschen Universitäten fremd sind. Kritik also gegen gewöhnliche Schauspielbesucher oder Anhänger des Boileau kann hier ganz wegbleiben. Wo ich in der Theorie oder in der Ansicht über einzelne Dichter und Gedichte abweichen muss, werde ich dies mehr auf positive Weise thun, weil sich das negative, die Widerlegung, dann von selbst ergiebt, umgekehrt aber nicht immer. Am Schluss jedes Abschnittes werde ich einen litterarischen Apparat hinzufügen. Nach der Übersicht der Schauspiele der Griechen und Römer werden uns zuerst die Spuren des Dramatischen im Mittelalter beschäftigen. Wir finden im Mittelalter viele religiöse und biblische Dramen *Actus*, ferner *comoediae sanctorum*, und einen Überfluss von dramatischen Schwänken, Fastnachtspielen, Farcen und burlesken Aufzügen. Unter den neueren Völkern verdienen eine besondere Aufmerksamkeit die Engländer und Spanier, bei welchen sich eine ächt volksthümliche Bühne, unabhängig von Nachahmerei aus eigenem Grund und Boden entwickelt hat. Früher mit Vorliebe von mir angestellte Untersuchungen setzen mich in den Stand hier etwas gründliches zu versprechen. Der Zusammenhang Shakspeare's und Calderon's mit ihren Vorgängern, Zeitfolge und Quellen ihrer Schauspiele, Eintheilung derselben nach Stoff und Form, Versmaass und dergleichen mehr wird uns reichlich beschäftigen. Franzosen und Italiener dürfen sich nicht leer ausgehen, obgleich ihre Leistungen sehr zurückbleiben hinter denen der Engländer und Spanier. Endlich muss unser liebes deutsches Vaterland auch noch ausführlicher behandelt werden, als es bei unserem Vorgänger geschehen ist. Freilich besitzen wir noch keine National-Bühne und es sieht auch jetzt eben nicht danach aus, als ob wir bald eine bekommen würden. Umsomehr gebührt es uns die Leistungen der einzelnen zu sichten. Rosenplüt, H. Sachs' zahlreiche Comödien und Tragödien, Gryphius, Lohenstein, Schiller und Göthe, ihre Eigenthümlichkeit, ihre Quellen und lichtgebende Punkte, dies wird den Schluss dieser Sommervorlesungen machen. — Schlegel stellt in der Einleitung die Theorie der Kunst der Geschichte der Kunst gegenüber und als Mittelglied, beide zu versöhnen, die Kritik. Wir drücken kurz die Sache so aus: In der Theorie herrscht das ideale freilich vor, in der Geschichte das reale. Sobald Theorie und Geschichte wissenschaftlich die Wahrheit suchen, darf in der Theorie nur das ideale vorherrschen, aber nie allein stehn, sondern in beständiger Begleitung des untergeordneten realen sich bewegen. Das Ideale ist das Haupt; das Reale der Rumpf. Ebenso die Geschichte. Das reale, das sich in der Zeit entwickelt hat, entfaltet sie, aber mit stetem Hinblick auf das Ideal, auf den Geist, der zwischen den Zeilen schwebt, der den Dichter trieb und der ein ganzes Geschlecht, Volk, Zeitalter beseelt. Der Geschmack und gesunde Kritik sind dabei unerlässliche Bedingungen, ohne welche ebensowenig der Theoretiker als der Historiker die Wahrheit an's Licht bringen können. . . .

Die Calderon-Vorlesung endlich beginnt:

»Als ich im vergangenen Halbenjahr die Vorlesungen über die ital. Gedichte aus dem Sagenkreis Karls des Grossen begann, versprach ich auf ähnliche Weise einzelne Theile der Geschichte der [spanischen] Poesie litterarisch und kritisch zu beleuchten. Den Gang der Künste und Wissenschaften, das gelehrte Streben und den frommen Glauben, verkündet in Schriften, litterarisch zu verfolgen ist das hohe Ziel der allgemeinen Litterargeschichte und diese darf ihres Zwecks eingedenk, nie sich mit Vorliebe auf einzelne Zweige ausführlich einlassen und so die Einheit des Ganzen zerstören Dagegen scheint es nicht unangemessen eine Reihe von dichterischen Erzeugnissen, welche für sich ein kleines ganze bilden, auszusondern und in ihrem Entstehen und ihrer Fortbildung zu verfolgen. Vorlesungen an dieser Stätte, vor diesen Hörern gehalten, dürfen nie erscheinen als Beförderung oberflächlicher Schöngeisterei für müssige Dilettanten. Vielmehr ist das Ziel dieser Bestrebungen ein jenem Treiben rein entgegengesetztes. Wer durch die Poesie angenehm unterhalten oder spielend belehrt sein will, wer sie zur Abspannung in müssigen Stunden benutzt, kann nie Freude finden an Untersuchungen über dichterische Werke, welche durch kritische, litterarische, ästhetische und historische Combinationen mühsam sich durchwindend, als einigen Zweck vor Auge haben auch die reinsten und edelsten Werke der Dichtkunst der neueren Völker in jenen wissenschaftlichen Kreis hineinzuziehen, der seit Jahrhunderten den Gedichten der Griechen und Römer ausschliesslich vorbehalten war. Die Bemühungen grosser Sprachkenner für die Trauer- und Lustspiele der Griechen und Römer, ja für wenige Bruchstücke im Strom der Zeit untergegangener Dichter (ein Menander), werden mit Recht betrachtet nicht bloss als besonders würdige Denkmale des menschlichen Scharfsinns, sondern auch als treffliche Mittel das eigene Urtheil zu üben, wie man es anzustellen habe durch die dunkeln Vorgänge unkritischer Berichte in das Reich der Wahrheit einzutreten. Sollten nun die wahrhaft grossen Erscheinungen des mittleren und neueren Europa nicht auch einige Aufmerksamkeit verdienen? Sollten sie nicht einen ähnlichen Kampfplatz dem Freunde der Wahrheit und dem Liebhaber der Schönheit darbieten? Dieses Bestreben kann nie feindselig gegen die Kenner und Beförderer der alten Litteratur sein, da es vielmehr, wenn es gründlich und fruchtreich sein soll, eine Kenntniss des Alterthums voraussetzt. Jeder weiss, ein grosser Theil der neueren Sprachen (ausser den germanischen) ist aus der lateinischen hervorgegangen. Diesen Wink wollen wir benutzen. Die Sprache hängt mit Leben und Thaten eines Volks innig zusammen. Sie ist sein grösstes Werk. Ein Volk, das seine Sprache borgt von einem andern Volk, hängt auch mit 1000 andern Fäden an diesem seinen Muttervolk. So wird die Sprache der Italiener, Spanier, Portugiesen, Franzosen und selbst das wunderliche Gemisch des Englischen erst recht verstanden, wenn man die Kenntniss der lateinischen Sprache mitbringt, und diese nur durch Hülfe der griechischen. Ist aber ein Volk in Hinsicht seines grössten Produkts, der Sprache, in solchem Zusammenhang mit den alten Völkern, wie sollten da nicht auch alle anderen Hervorbringungen, also auch die dichterische, nur dann recht beurtheilt werden können, wenn man Kenntniss und Liebe des Alterthums zu unseren Untersuchungen mitbringt. Gerade hierin glaube ich den Grund zu finden, weshalb die Bestrebungen für die neuere Litteratur bis jetzt in dem gründlichen Deutschland noch so wenig Eingang finden. Mehrere Franzosen und selbst Engländer im 18. Jahrh. haben, wie oft, so auch hier den Deutschen voran eilend, dieses Fachs sich bemächtigt, ohne Neigung zur Wahrheit, ohne grossen Sinn, und ohne jene Kenntniss der Alten mitzubringen. Da entstanden denn jene unseligen, süsslichen ästhetisirenden Redereien über die sogenannte schöne Litteratur, jenes flache, zerstreuende Amüsement für Schwachköpfe, welches man aus den genialsten Werken durch Entstellung und Sudelei hervorzuholen suchte. Leider war Deutschland zu jener Zeit zum Theil in eine grosse Apathie versunken, und Übersetzungen des *Batteux* und *Linguet* erschienen im Druck. Als nun durch Gottes Gnade der deutsche Geist sich wieder regte, als *Lessing*, *Göthe*, *Klopstock* und *Schiller* als Vorfechter die Stellvertreter der geistlosen Lieblosigkeit, Unwissenheit und Anmassung in das gebührende Nichts zurückwiesen, so eröffnet sich nun erst für uns Deutsche Bahn und Bedürfniss gründlich und tüchtig die ungeheure Masse der neuern Poesie zu bearbeiten. Um nicht ungerecht zu sein gegen das Ausland muss man bekennen, dass jetzt auch in London, Edinburg und Paris sich der Geist ächter Forschung und weniger beschränkter Ansichten über die neuere Poesie offenbart. Früher *Warton* und *Tyrwhitt*, später *Ellis*, *Ritson*, *Scott* und *Dunlop* in England und Schottland. *Ginguené*, *Roquefort* und *Raynouard* in Frankreich können, begünstigt durch grosse Hülfsmittel, als Vorboten einer besseren Zeit auch für ihre Länder betrachtet werden. Der Deutsche, freigeworden von den Banden der Nachahmungssucht, voll natürlicher Liebe für das reine und gesunde, mit Ernst und unermüdetem Fleiss ausgestattet, wird allmälig alle Hindernisse auch in diesem Fach überwinden. Grosse Arbeiter, von denen ich nur die Brüder *Schlegel* und die Brüder *Grimm* hier nenne, leuchten uns vor und gehen uns zur Seite. Auch wir wollen das unserige thun. — Das Mittelalter mit seinen Einrichtungen, seiner Grösse und seinen Schwächen ist der Boden, aus dem das neuere Europa hervorgangen ist. Überall fühlen wir den Einfluss derselben. Wir wollen nicht aus Hochmuth oder Unkunde uns überheben. Jeder Theil der neueren Geschichte also auch der Geschichte der neueren Poesie muss sich hieran anknüpfen. Wenn ich Vorlesungen über Calderon ankündigte, war die Absicht nicht, diesen Dichter einzeln wie in der Luft schwebend zu betrachten. Aber *a potiori fit denominatio*. Man kann über nichts gründlich urtheilen als im geschichtlichen Zusammenhang, der einzelne hängt immer ab von seinen Vorfahren, wie er nicht auf die Erde geregnet ab kömmt, sondern Vater und Mutter hat. So auch der Dichter, er findet Observanzen früherer Dichter vor, er findet, besonders der dramatische eine vielköpfige Masse vor, auf welche er wirken muss und nur es kann, wenn er in geistigem Zusammenhang mit ihnen ist, wenn sie in seiner Schlagweite sind. Ich kündigte deshalb Vorlesungen über Calderon allein an, weil ich mir bewusst bin, wie unvollkommen und mangelhaft meine Kenntnis über die frühere Periode der spanischen dramatischen Poesie ist, um nicht Erwartungen zu erregen, deren Befriedigung ausser dem Bereich meiner Hülfsmittel liegt«.

II. Der Briefwechsel F. Wolf's.

Nicht eines der geringsten Verdienste von F. Wolf um die romanische Philologie ist die gemeinsam mit A. Ebert ausgeführte Begründung des »Jahrbuchs für romanische und englische Literatur«, dessen erster Band 1859 erschien. Wolf's wissenschaftliche Bedeutung insbesondere für die literargeschichtliche Forschung hat Ebert bereits im Jahrbuch (VIII, 271 ff.) in gebührendes Licht gesetzt. Was aber Wolf's Name für das Jahrbuch besagte, das ergiebt recht deutlich erst ein Blick in seine Correspondenz. Gerade der internationale Character, welchen das Jahrbuch von Anfang an in ausgeprägtester Weise an sich trug, und ohne welchen es sich bei der Ungunst der

Zeiten nicht hätte aufrecht erhalten lassen[1]), konnte es nur durch einen Mann mit so staunenswerth ausgedehnten Verbindungen erhalten. Glücklicherweise hat sich ein grosser Theil der wissenschaftlichen Correspondenz Wolf's erhalten und damit ein für die Geschichte der romanischen Philologie im zweiten Drittel des 19. Jh. sehr wichtiges Material. Die Briefe sind vor kurzem in den Besitz der Wolfenbütteler Bibliothek übergegangen. Ich hatte gehofft bei diesem Anlass einige Mittheilungen daraus machen zu können, zumal die Tochter F. Wolf's sich freundlichst mit meiner Absicht einverstanden erklärt hatte und ich aus Lemckes Briefwechsel die von Wolf an diesen geschriebenen Briefe nachstehend unter III e auszugsweise abdrucke. Leider gestatteten die Wolfenbütteler Bibliotheksvorschriften nicht, dass mir eine Auswahl der Briefe leihweise auf die hiesige Universitätsbibliothek gesandt wurde und muss ich mich daher vorläufig damit begnügen, das von der Wolfenbütteler Bibliothek angefertigte Verzeichniss[2]), welches ich mir bei kurzem Aufenthalt daselbst im Juli dieses Jahres abschrieb, bekannt zu machen. Es wird jedenfalls eine Sammlung der von Wolf selbst geschriebenen Briefe erleichtern.

Allon, C. N. (Paris) 1	1834.	Blanc, L. Gottfr. (Halle a/S.) 1	47.
Arango-Porto-Alegre, Manuel de (Berlin) 5	60-61.	Boehmer, E. (Halle a/S.) 3	60.
		Bonet-Bonfill, Mag. (Madrid) 4	56-62.
Artaud, L. M. (Paris) 1	34.	Booch-Arkossy, F. (Leipzig) 1	54.
Baehr, Chr. (Heidelberg) 1	39.	Braunfels, L. (Frankfurt a/M.) 1	55.
Baranda, Pedro Lainez de (Madrid) 3	34-48.	Brunet, G. (Bordeaux) 3	60.
		Cantú, Cesare (Milano) 1	60.
Baret, E. (Paris) 1	64.	Caballero, Fernan [Cecilia de Arrom] (Sevilla) 6	58-64.
Baschet, Armand (Blois) 1	57.		
Becker, A. (Kopenhagen) 1	46.	Circourt, Albert de (Paris) 17	47-65.
Becker, Immanuel (Berlin) 2	43-65.	Coussemaker, Edou. de (Hazebrouck, Meethof, Dunkerque, Lille) 12	52-63.
Benecke, G. F. (Göttingen) 1	38.		
Bernard, Auguste (Paris) 1	47.		

---

1) Mit welchen äusseren Schwierigkeiten das Jahrbuch zu ringen hatte, ergiebt schon die Thatsache, dass es mit dem 4. Jahrgang aus dem Verlag von Dümmler in den von Brockhaus und mit dem 13. Jahrgang in den von Teubner übergieng, nachdem bereits mit dem 6. Jahrgang L. Lemcke statt Ebert's die Leitung übernommen hatte.

2) Auffallen muss es, dass unter diesen Briefen kein einziger von Diez enthalten ist, obwohl solche sicher vorhanden gewesen sein müssen. Noch vor einigen Jahren hoffte Prof. Mussafia mir dieselben für meine Erinnerungsworte an F. Diez verschaffen zu können, ohne dass allerdings seine Hoffnung sich erfüllt hätte (Vgl. S. 92 d. Erinnerungsworte). Gedruckt sind aus Wolf's Briefwechsel bisher nur die Briefe von Hoffmann von Fallersleben und M. Haupt und zwar durch Wolf's Sohn Adolf in den Sitzungsberichten der Wiener Akademie Bd. LXXXVII. Wien 1874 S. 97 ff., doch fehlen daselbst, scheint es, 3 Haupt-Briefe, während 1 Brief Hoffmann's von Fallersleben seitdem verloren zu sein scheint.

Daniel, H. A. (Halle a/S.) 2 43-44.
D'Avezac, Chev. (Paris) 5 39-42.
Depping (Paris) 1 34.
Du Méril, Ed. (Paris) 72 42-65.
Duran, A. (Madrid) 3 56-58.
Du Taya, Baron A. (Rennes) 4 39-43.
Enk von der Burg, Michael 29 33-43.
Falkenstein, K. K. (Dresden) 1 44.
Ferreira-França, Erneste .
  (Gastein, Dresden u. s. w.) 4 55-58.
Feuillet de Conches, Felix Séb.
  (Paris) 3 44-63.
Fiedler, E. (Dessau) 1 47.
Firmenich, Joh. Matth. (Berlin) 2 58.
Flügel, G. (Meissen) 1 55.
Frommann, K. (Koburg, Nürn-
  berg) 3 41-57.
Fuchs, A. (Dessau) 2 46.
Fuentes, J. M. de 1 36.
Gachard, Ludw. Prosper
  (Bruxelles) 1 64.
Galvani, Jean (Modena) 1 41.
Gar, Tommaso (Vienna) 1 41.
Gayangos, Pascual (Madrid) 34 50-65.
Gindely, Anton (München) 1 61.
Goedeke, Karl (Hannover) 1 53.
Gosche, Rich. (Halle a/S.) 1 63.
Grässe, J. G. Th. (Dresden) 2 42-47.
Grimm, Jakob (Berlin) 1 55¹).
Grion, Justus (Padua) 2 59-60.
Gruber, Joh. Gottfr. (Halle a/S.) 4 38-49.
Gülich, von (Montevideo) 1 60.
Guhrauer, G. E. (Breslau) 1 46.
Hagen, F. H. v. der (Berlin) 1 35.
Halliwell, J. O. (London) 1 41.
Hartzenbusch, Juan Eugenio
  (Madrid) 4 45-51.
Haupt, M. (Zittau, Leipzig) 33 34-50.
Hausmann, J. Fr. L. (Göttingen) 1 41.
Hébert (Caen) 1 34
Helfferich, Adolf (Madrid) 1 57.
Hendric, Robert (London) 2 46.
Heussenstamm, Th. (Wien) 1 40.
Heyse, Paul (München) 1 56.
Hildegard, J. (Cambridge) 2 37-39.
Hoffmann (Hamburg) 4 62-63.
Hoffmann v. Fallersleben, H. 7 34-52.
Hofmann, Konr. (München) 47 50-65.
Holland, W. L. (Tübingen) 43 47-66.
Holtzmann, Adolf (Heidelberg) 1 55.
Huber, V. A. (Rostock, Marburg
  etc.) 81 36-66.
Jubinal, Achille (Paris) 2 34.
Julius (Hamburg) 15 45-60.
Jung, Alex. (Königsberg i/Pr.) 3 53-4.
Juromenca, Vicomte de
  (Lisbonne) 1 51.
Karajan, Theod. v. (Wien) 1 39.
Kausler, Ed. (Stuttgart) 1 52.
Kayserling, M. (Berlin) 6 58-60.
Keller, Adelbert (Tübingen) 43 37-61.
Kiesewetter, R. G. (Wien) 1 41.
Kind, D. (Leipzig) 7 56-62.
Lappenberg, J. M. (Hamburg) 7 37-53.
Le-Clerc, Victor (Paris) 2 58-65.
Lemcke, Ludw. (Braunschweig,
  Marburg) 56 53-65.
Le-Roux de Lincy (Paris) 1 36.
Liebrecht, Felix (Lüttich) 13 50-65.
Lorinser, Franz (Breslau) 1 55.
Massmann, H. F. (München,
  Berlin) 7 39-19.
Madden, Sir Francis (London) 2 38-57.
Malo de Molina, Manuel
  (Madrid) 2 58-59.
Martensen, H. (Kopenhagen) 1 37.
Martius, M. (München) 3 45-46.
Maud, . . . de (Lisbonne) 5 40-41.
Merlatoff, Cayetano J. (Triest) 1 66.
Mettenleiter, Dominicus (Regens-
  burg) 1 1 61.
Meyendorff (Stuttgart) 1 34.
Michel, Francisque (Paris, Bor-
  deaux) 169 . 32-65.
Michelant (Paris) 6 46-61.
Millan y Caro, F. de
  (Lausanne) 7 43-59.
Millien, Achille (Beaumont-la-
  Ferrière) 1 65.
Miltiz, . . . Freiin v. (Dresden) 5 63-64.
Molbech, Ch. (Kopenhagen) 1 56.
Mone, F. J. (Karlsruhe) 2 38-55.
Monin, Henri (Lyon) 1 36.
Monti, Pietro (Como) 19 38-56.
Monti, Maurizio (Como) 1 56.
Müllenhoff, Karl (Kiel) 2 54-55.
Müller, Joseph (Mailand) 2 54-58.
Müller, Wilh. (Göttingen)¹ 2 52.
Muyden, J. van (Berlin) 1 62.
Nebesky, Wenzel (Prag) 2 63-64.
Nöldeke, Theod. (Berlin) 1 58.
Oehler, Franz (Halle a/S.) 1 60.
Paris, Gaston (Paris) 1 65.
Paris, Paulin (Paris) 10 34-62.
Pfitzer, Gustav (Stuttgart) 3 36-39.
Phillipps, Sir Thomas Middle
  Hill 1 56.

Prescott, W. H. (Boston) 1   56.
Rafn, C. C. (Koppenhagen) 1   56.
Reiffenberg, Baron Friedr. v.
  (Brüssel) 15   38-45.
Rios, José Amador de los
  (Madrid) 17   53-65.
Roisin, Baron Ferd. de (Bonn) 4   42-44.
Rosenkranz, Karl (Halle, Königsberg) 5   33-38.
Rue, abbé de la (Caen) 2   34-35.
Rusconi Mauro 1   41.
Sachs, C. (Paris) 1   55.
Sauppe, Herm. (Göttingen) 1   64.
Schack, Ad. Friedr. Graf von
  (München) 3   47-61.
Schafarik, P. J. (Prag) 1   47.
Schmeller, J. A. (München) 1   39.
Schmidt, Karl (Strassburg) 1   42.
Schmidt, Leopold (Bonn) 4   55-9.
Schmidt, Moritz (Oehls) 2   56-57.
Schönemann, C. (Wolfenbüttel) 4   52-53[1]).
Schuller (fehlt) 1   60.
Selva-Alegre, Marques (Viena) 1   53.

Serrano, Gaspar Bono (Madrid) 2   63-64.
Smith-Spencer, J. (Caen) 4   35-40.
Sobolewsky, S. de (Petersbg.-Moskau) 3   52-58.
Sulkowsky, Max Fürst 1.
Tafel, J. F. J. (Tübingen) 1   47.
Techener, J. (Paris) 1   59.
Thoms, William J. (London) 10   34-41.
Ticknor, George (Boston) 11   38-64.
Tobler, Ad. (Rom) 2   58.
Tobler, T. (Horn v. Rorschach) 2   49.
Tschudi, von (Jacobshof b. Edlitz) 9   49-63.
Valentinelli, Giuseppe (Venedig) 2   59.
Wackernagel, Phil. (Dresden) 1   61.
Wackernagel, Wilh. (Basel) 1   46.
Wagner, Adolf Wien (Berlin) 1   59.
Weihold, Karl (Graz) 7   53-54.
Wilde, G. A. de (Dresden) 7   49.
Witte, Karl (Halle) 1   42.
Word, J. E. (Prag) 2   59.
Wright, Th. (London) 64   36-58.
Zumpt, A. W. (Berlin) 1   40.

III. Der Briefwechsel L. Lemcke's.

Die Leitung des Jahrbuchs, war, wie bereits hervorgehoben wurde, mit dem sechsten Bande in Lemcke's Hände übergegangen, welcher ja auch in der Marburger Professur Ebert's Nachfolger geworden war. Die 10 letzten Bände des Jahrbuchs sind von ihm herausgegeben. Nach längerem Siechthum ist auch er am 21. Sept. 1884 aus unserer Mitte geschieden, 2 seiner Schüler haben in warmen Nachrufen Zeugniss abgelegt von dem feinen Sinn und der durchaus edlen Denkungsart des Docenten[2]). Welche Achtung er unter den Collegen genoss, das bezeugten die vielen theilnehmenden Erkundigungen nach ihm, als vor 3 Jahren die feierliche Enthüllung der Gedenktafel für Diez stattfand. Mir fiel es damals zu, an seiner Statt vor der Festversammlung dem Altmeister einige Worte der Erinnerung zu widmen, und dem freundlichen Entgegenkommen seiner

---

1) Die Wolfenbüttler Bibliothek besitzt auch die Gegenbriefe v. F. Wolf an Schönemann, 6 an der Zahl, und ebenso 6 an Schönemann gerichtete Briefe von Jacob und 4 von Wilhelm Grimm.

2) Prof. Breymann in der Allgem. Zeitung 1885 Nr. 72 der Beilage, und Oberlehrer Dr. W. Mangold in den Englischen Studien IX, 496 ff.

Tochter verdanke ich es, dass ich seinen leider nur theilweise erhaltenen Briefwechsel, nachdem er von Herrn Archivar Dr. Zimmermann in Wolfenbüttel, (durch welchen ist auch auf das Vorhandensein des Wolf'schen Briefwechsels in der dortigen Bibliothek aufmerksam wurde) sorgfältig gesichtet und geordnet war, einer genauen Prüfung habe unterziehen können. Voraussichtlich wird auch dieser Briefwechsel später in Wolfenbüttel aufbewahrt werden. Ich gebe hier von ihm zunächst das Verzeichniss der Briefe, welche wissenschaftliches Interesse erwecken können.

A. Briefe wissenschaftliche Verhältnisse betreffend von:

Ancona, A. d' (Pisa)	8	1866-74.	Körting, G. (Plauen) 1	68.
Andresen, K. G. (Bonn)	1	68.	Krebs, H. (Oxford) 3	76.
Bartsch, K. (Rostock)	1	68.	Liebrecht, Felix (Lüttich) 2	67-76.
Böddeker, R. (Stettin)	2	73-74.	Lorinser, (Breslau) 1	68.
Böhmer, E. (Halle)	2	67-68.	Méril, E. du (Paris) 4	56-69.
Brachet, A. (Tours)	3	67.	Meyer, P. (Paris) 9	63-76.
Braun, O. (München)	1	59.	Michelant, H. (Paris) 1	71.
Breymann, H. (Göttingen etc.)	7	63-75.	Morel-Fatio (Paris) 1	78.
Braunfels, L. (Frankfurt)	1	74.	Morris, R. (London) 1	65.
Brink, B. ten (Münster)	1	66.	Müller, Th. (Göttingen) 1	65.
Circourt, A. de (Paris)	5	61-68.	Münch v. Bellinghausen [Friedr. Halm] (Wien) 1	55.
Coglievina, Fr. (Triest)	1	66.	Mussafia, A. (Wien) 7	65-68.
Delius, N. (Bonn)	1	68.	Oesterley, H. (Göttingen) 1	68.
Diez, Fr. (Bonn)	3	65-72.	Papanti, G. (Livorno) 6	58.
Dingelstedt, Fr. (Weimar)	2	64-67.	Paris, G. (Paris) 4	65-72.
Ebert, A. (Marburg u. Leipzig)	61	58-76.	Pey, A. (Paris) 6	64-68.
Gessner, E. (Berlin)	1	67.	Reinsberg Düringsfeld, v. (Leipzig) 1	64.
Gosche, R. (Halle)	2	65-82.	Ritter, E. (Genf) 3	66.
Gröber, G. (Strassburg)	1	83.	Rönsch, H. (Lobenstein) 1	68.
Grosart, Blackburn	3	70-76.	Roqueferrier, A. (Montpellier) 1	75.
Grüzmacher, W. (Berlin)	4	70.	Ruth, E. (Heidelberg) 3	65-67.
Hase, K. B. (Paris)	2	[1854].	Sachs, (Brandenburg) 3	62-64.
Hertzberg, W. (Bremen)	2	67.	Scheler, A. (Brüssel) 4	64-66.
Holland, W. L. (Tübingen)	2	64-65.	Suchier, H. (Marburg, Halle) 2	74-82.
Keller, A. v. (Tübingen)	2	57-60.		
Kissner, A. (Paris)	1	67.	Teza, E. (Pisa) 1	?
Knauer, O. (Bonn, Witten, Leipzig)	5	66-75.	Tobler, A. (Berlin) 4	68.
Knust, H. (Madrid, London, Leipzig)	5	67-68.	Tourtoulon, de C. (Montpellier) 3	67.
Koch, Fr. (Eisenach)	1	67.	Wolf, Adam (Wien) 2	65.
Köhler, R. (Weimar)	6	60-68.	Wolf, Adolf (Wien) 2	66-67.
			Wolf, Ferd. (Wien) 36	53-65.

B. Briefe von Verlegern, Redactionen etc.:

Asher, A. (Berlin) 2	58.	Meyer's Conversationslexicon (Leipzig) 2	81.
Baer, J. (Frankfurt a/M.) 1	76.	Mittler, E.S. u. Sohn (Berlin) 2	74.
Brockhaus, F. A. (Leipzig) 39	53-71.	Schettler, P. (Cöthen) 1	67.
Centralblatt, Litter. (Leipzig) 3	67-73.	Schöningh, F. (Paderborn) 2	59.
Cotta, (Stuttgart) 1	66.	Strauss, E. (Bonn) 3	77-78.
Fleischer, Fr. (Leipzig) 9	53-64.	Teubner, B. G. (Leipzig) 2	72-76.
Henninger, Gebr. (Heilbronn) 1	76.	Vogel, F. C. W. (Leipzig) 9	63-64.
Institut, Bibliogr. (Leipzig) 5	66-81.	Westermann, G. (Braunschw.) 1	59.

Ein Blick auf das vorstehende Verzeichniss genügt, um zu sehen, dass sich allein schon mit Rücksicht auf das Alter nur sehr wenige Briefe derzeit zur Veröffentlichung eignen. Ich theile von ihnen nur folgende mit:

3 Briefe von F. Diez.

1) 9. 11. 1865. Hochgeehrtester Herr College! Sie legen einen zu grossen Werth auf die Beiträge, welche ich etwa fähig wäre für die Jahrbücher der roman. u. engl. Litteratur zu arbeiten. An dem guten Willen fehlt es mir wahrlich nicht, mit dem Wenigen, was ich vermag, ein Unternehmen zu unterstützen, welches, wie ich überzeugt bin, eine Nothwendigkeit geworden ist für Deutschland und Europa, und in dessen Untergang ich eine wahre Calamität erblicken würde! Allein ich bin schwerfällig geworden, was vielleicht in den Jahren liegt. Sie werden es kaum glauben, und doch ist es buchstäblich wahr: meine letzte Arbeit über zwei altromanische Glossare hat mich fast anderthalb Jahre gekostet. Dabei hält es mir schwer eine Arbeit durch eine andere zu unterbrechen, doch mag es andern in diesem Stück nicht besser gehen. Für diesen Winter habe ich vor, das angehäufte Material zu Bereicherungen und Berichtigungen der romanischen Grammatik und des Wörterbuchs, welche später einmal als zwei Heftchen erscheinen könnten, zu verarbeiten. Alsdann denke ich eine Durchsicht der ältesten romanischen Sprachdenkmale vorzunehmen. Sollten sich bei dieser Gelegenheit einige für die Jahrbücher geeignete Miscellen finden, so würde ich mir die Freiheit nehmen, Ihnen dieselben zu etwaiger Aufnahme in dieselben einzusenden. Egger's Buch, welches Sie erwähnen, ist mir nicht erinnerlich, vielleicht ist es mir noch nicht zugekommen. Ich hatte gehofft, man werde Sie für Giessen zu gewinnen suchen, wo ich Sie alsdann öfters hätte sehen können. Doch ist die Sache ja noch nicht entschieden. Kurz vor Weihnacht werde ich dahin kommen, wenn nicht etwa ein Unwohlsein hindernd eintritt, und vierzehn Tage daselbst verweilen. Ich hoffe Sie in Marburg alsdann auf ein paar Stunden besuchen zu können. In dieser Hoffnung habe ich auch das gegenwärtige Schreiben etwas kürzer abgefasst, als dies sonst wohl geschehen sein würde. Indem ich Sie bitte mir Ihr schätzbares Wohlwollen auch ferner zu erhalten, nenne ich mich mit grösster Hochachtung Ihren ergebensten Fr. Diez.

---

2) 20. 8. 1868. Hochgeehrter Herr College! Ich muss inständig um Entschuldigung bitten, dass ich Sie nicht früher ersucht habe, mir die allerdings versprochene Recension von Brachet zu erlassen, doch

habe ich erst vor etwa 14 Tagen mich überzeugt, dass diese Arbeit mir zur Unmöglichkeit geworden. Sollten Sie denn Mussafias Aufsatz nicht zurückverlangen können? Wäre dies nicht möglich, so dürfte eine Kritik des Buches ja wohl auch wegfallen oder bis zur Erscheinung einer neuen Ausgabe verschoben werden, die gewiss genügender sein wird als die erste. Ich stimme fast in allen Puncten mit G. Paris überein und werde dies auch privatim Herrn Br. sagen. Meine Verhinderung liegt darin, dass ich, gegen alles Erwarten, eine starke Revision des 1. Bandes meiner Roman. Gramm. habe in Angriff nehmen müssen, dessen Druck schon am Anfang Januar beginnen soll, und ich bin obendrein ein langsamer Arbeiter. — Ich schliesse, um den Brief rasch zu befördern. Freundschaftlich grüsst Ihr stets ergebener F. Diez.

3) [Jan. 1872.] Hochgeehrter Herr College! Ich kann nicht umhin Ihnen, was ich bei der Gratulationsfeierlichkeit nicht in vollem Masse gethan zu haben fürchte, für das Opfer, welches Sie durch Ihre beschwerliche Reise von Giessen hierher gebracht haben, so wie für Ihre an mich gerichtete wohlwollende und geistvolle Anrede nochmals meinen Dank auszusprechen. Es freut mich, dass mich die Erneuerung meines Doctordiploms mit der Universität, welcher Sie angehören, von neuem in Beziehung gebracht hat, was für mich um so werthvoller ist, da ich meine Vaterstadt seit einiger Zeit seltener besuche. Schliesslich erlauben Sie mir, meine Bitte zu wiederholen, Sie möchten, wenn Sie Bonn wieder einmal betreten sollten, meine Ihnen angebotene Gastfreundschaft nicht verschmähen. In hochachtender Freundschaft der Ihrige Fr. Diez.

(Dass dieses Briefchen nicht den geringsten Anlass zu einer Erwiederung enthält, versteht sich).

1 Brief von W. Hertzberg.

27. 10. 1867. Hochverehrtester Herr und Freund, das ausserordentlich interessante erste Heft des diesjährigen Jahrgangs Ihrer Ztschr. kam mir erst vor etwa anderthalb Wochen zu Händen u. Gesicht. Ich hätte Ihnen sofort meinen herzlichen Dank für die mehr als freundliche u. anerkennende, für die wahrhaft beschämende Kritik meiner Ch.-Übersetzung ausgesprochen, wenn ich nicht gleich darauf von einem sehr hässlichen und qualvollen Übel, der Halsbräune, überfallen wäre, die erst seit vorgestern wieder nachgelassen u. mir für menschliche Empfindungen und deren Ausdruck Raum gegeben hat. Wiewohl ich weiss, dass ich Ihr Lob nur zum kleinsten Theile verdient habe, lasse ich es mir doch gern gefallen und bin Ihnen herzlich dankbar um der Sympathie willen, die sich in dem ganzen Ton Ihrer Kritik ausspricht, und die ich mir bei meinen Arbeiten auf andern wissenschaftlichen Gebieten — vielleicht durch meine eigene Schuld — so selten zu erwerben verstanden habe.

Unter den übrigen Aufsätzen des ersten Heftes hat mich besonders die Epistel des Adam Parvipontanus beschäftigt; nicht um der Glossen willen, die grösstentheils wirklich zu dumm und wie H. Scheler selbst bemerkt, sprachlich wenig ergiebig sind, sondern wegen des Textes selbst, an dessen Correctur Sch. verzweifelt bis zur Auffindung eines besseren Ms. Sehr mit Unrecht. Die Correctur ist vielmehr eben so sicher wie interessant, wenn man nur den richtigen Schlüssel dazu hat. Sch. selbst hat denselben ein Paarmal in der Hand, lässt ihn aber sofort ... wieder fallen. Es ist nämlich Isidorus Origines und daneben Aulus

Gellius. Beide sind von demselben gründlich geplündert und fast sämmtliche Corruptionen sind mit ihrer Hülfe wieder herzustellen. Ich glaube dadurch einen Text gewonnen zu haben, der an Reinheit und Verständlichkeit nichts zu wünschen übrig lässt, und habe nebenher noch einige Entdeckungen gemacht, wie z. B. dass derselbe in Balsham (al. Balesham) in Cambridgeshire geboren ist. Zu einer Mittheilung für ihre Jb. würde sich jedoch ein etwa aus dieser Überarbeitung abfallender Aufsatz nicht eignen, da für romanische und engl. Sprachkunde sich nichts aus Anselm's Text ergiebt, vielmehr der Autor in seiner Stilübung überall classischen Ausdruck anstrebt und (anders als Sch. annimmt) keine einzige latinisirende Rückbildung aus romanischen und deutschen Wörtern sich erlaubt. Ich gedenke einmal ein Programm daraus zu machen etwa: »Über lateinische Schul-Exercitien im Mittelalter . . .«.

1 Brief von Fr. Koch.

27.7.1867. Eisenach. Hochgeehrtester Herr Professor. Ich schicke Ihnen hierbei eine kleine grammatische Abhandlung aus der englischen Wortbildungslehre. Ich habe die einfachsten Bildungen behandelt, die vocalischen, und lasse Ihnen diese zugehen, weil Grimm sie fast ganz übersehen hat und Mätzner kein Wort von denselben sagt. Betrachten Sie gefälligst diese als eine Probe, wie ich überhaupt diese Lehre im 3. Theil meiner Grammatik behandele. Mit der ersten Abtheilung desselben, der die germanischen Elemente enthält, bin ich fast fertig und der Druck wird in einigen Monaten beginnen. In einem oder zwei Jahren gedenke ich dann auch die zweite Abtheilung vollendet zu haben und diese wird die Elemente der fremden Sprachen enthalten.

Ich hoffe im 3. Theil viel neues zu bringen. E. Müller hat viel Fleiss auf sein etymologisches Wörterbuch verwandt. Aber er hat mehr über die Sprache als in ihr gelesen. Kenntniss der Zwischenperioden ist bei manchen Wörtern ganz unerlässlich. Einen schlagenden Beweis fand ich dieser Tage. Müller meint, dass *kydney* eine ganz dunkle Bildung sei. Nun hat aber Wycliffe *kidneres kidneires* u. da wirds denn klar, dass das Wort aus *kid* u. *nere* besteht. Jenes ist got. *qviþus* Bauch, eig. Mutterleib, dieses ist unser Niere *nere*, das sich zwar nicht im Ags. aber in alt- u. mittelenglischen Glossaren vorfindet. Es muss daher auch im Ags. du gewesen sein. Hat es hier dieselbe Bedeutung gehabt, die ahd. *niero* hat, nämlich Niere u. *testiculi*, so macht sich der Zusatz *cwid* oder *kid* nöthig, er bezeichnet die im Leibe eingeschlossenen Nieren.

Haben Sie irgend eine grammatische Arbeit, die Sie etwas gründlich angesehen wissen wollen, so bitte ich, mir dieselbe zugehen zu lassen. Mit freundlichem Grusse Ihr ergebenster Fr. Koch.

2 Briefe von E. du Méril.

1) 28. 11. 1864. Paris 34 rue de la Pompe. Aussurément j'ai conservé le meilleur souvenir des agréables relations que j'ai eues avec vous pendant votre séjour à Paris, et il a encore été ravivé par votre excellent livre sur la littérature espagnole, et les différents articles dont vous avez enrichi le Jahrbuch de Mr. Ebert. Aussi avais-je déjà appris avec un vrai plaisir qu'il allait devenir le votre. Je comptais bien que vous y écririez plus souvent, et j'espérais deux autres améliorations qui me semblaient au moins très désirables: plus de régularité et plus d'étendue.

Ce n'était pas une Revue, tenant au courant du mouvement des littératures romanes les personnes qui y portent intérêt, mais un simple Magasin, très-intéressant sans doute, mais ne s'imposant à personne parce qu'il était fort incomplet et par consequent insuffisant. Aussi l'admission de la philologie pure, à laquelle heureusement vous pourrez toujours faire sa part, ne me semble-t-elle pas une innovation désirable; elle va reduire encore la place, déjà si restreinte de l'histoire littéraire, peut-être même beaucoup, si vous la laissez faire, car la philologie est une marée montante en Allemagne, et toute cette partie là fera double emploi avec les Archives de Herrig. Quoiqu'il en soit de ce regret, comptez-moi avec toute assurance comme un fidèle abonné et un lecteur très-empressé. — Veuillez, je vous prie, agréer l'expession de mes sentiments les plus distingués. E. du Méril.

2) 24. 3. 1869. Passy-Paris, 44 rue de la Pompe. J'ai enfin terminé le second volume de mon histoire de la Comédie, et avant de me mettre tout entier au troisième je voudrais regarder un peu autor de moi et dire toute ma pensée sur des livres qu'on s'est habitué à admirer les yeux fermés et qui feraient obstacle à la science si l'on n'en débarrussait pas la voie. Tel est, par exemple, le Dictionnaire de M. Littré, que j'ai l'intention d'examiner longuement dans son idée, dans ses principes et dans ses résultats: ce ne sera rien moins qu'un jugement à nouveau sur la philologie française où le plus savant et le plus respectable des maîtres, M. Diez, se trouverait lui-même indirectement atteint, sinon convaincu. Peut-être examinerai-je aussi, non sans quelque sévérité, le Barlaam et Josaphat de M. Meyer: il reste beaucoup à dire, même sur le texte et l'on n'a encore absolument rien dit sur la question la plus curieuse et la plus capitale, l'influence du Bouddhisme sur le monachisme chrétien et la poésie du moyen-âge. Dites-moi, je vous prie, si votre position ne vous commande pas certaines réserves et si vous seriez disposé à accueillir dans votre Journal des opinions qui prétendaient ne relever que de la vérité telle quelle et ne capituler avec personne. Pour le moment, je ne vous demanderai que que l'insertion dans votre plus prochain numéro d'une très-courte réponse à une accusation absurde que la popularité du Jahrbuch a beaucoup répandue, et il suffit de m'adresser à votre justice[1]). — Veuillez, je vous prie, cher Monsieur, croire à tous mes sentiments affectueux et à mes meilleurs souvenirs. Edélestand du Méril.

25 Briefe von F. Wolf.

1) 7. 11. 1853. Herrn Brockhaus in Leipzig.... Dass die Herausgabe eines Handb. d. span. Litteratur der Art d. h. nach den jetzigen Anforderungen der Wissenschaft überhaupt zeitgemäss, ja ein wahres

---

[1]) Vgl. Jahrbuch X, S. 128 u. die Anworten Körtings und ten Brink's welche darauf erfolgten. Ein jüngerer französischer Gelehrter äusserte sich Lemcke gegenüber einige Monate später folgendermassen: »Je conçois sans peine que vos relations antérieures avec M. Du Méril, et votre désir de vous montrer impartial vous aient conduit à insérer cette déplorable réclamation. Mais comme français je ne puis que m'affliger de voir un compatriote donner en Allemagne le témoignage public d'une si évidente mauvaise foi.«

Bedürfniss sei, unterliegt keinem Zweifel und Herr L. hat dies hinreichend motivirt. Dass er der rechte Mann dazu sei scheint mir allerdings aus der Art und Weise womit er die Sache in Angriff genommen und aus aus den Mitteln, die er meines Wissens wenigstens einmal besessen und benutzt (er war wohl der Eigenthümer der bekannten zum Verkauf ausgebotenen Lemcke'schen Sammlung spanischer Bücher) hervorzugehen. Insofern kann ich zur Unternehmung nur von ganzem Herzen zurathen.

... Aber gerade die jetzigen Anforderungen der Wissenschaft an ein solches Handbuch scheinen mir doch eine **wesentliche Änderung** in der Anlage Lemcke's zu erfordern, nämlich nicht mehr die altherkömmliche aber veraltete Gliederung in Prosa und Poesie und dann wieder nach Stylgattungen und Dichtarten; denn die nunmehrige wahrhaft historische Auffassung und Behandlung der Litteraturgeschichte duldet auch in einem solchen Handbuche nur die Gliederung nach den Entwicklungsepochen (die chronologisch-pragmatische) und innerhalb derselben die characteristische Stellung der Dichtgattungen und der einzelnen Autoren; dadurch wird auch unnütze Wiederholung und unbequeme Zerstückelung vermieden (wie z. B. bei der Probe von Lope de Vega, wo er gerade in Bezug auf dessen Hauptthätigkeit als Dramatiker auf eine andere Abtheilung verweisen musste). Ich habe meine Ansicht darüber in einer Anzeige von Eberts Handbuch der italien. Litteratur, welches Werk zugleich auch als Muster dafür dienen kann, ausgesprochen, das ich deshalb für Zarncke's Centralblatt offen anschliesse und nach Lesung ihm ungesäumt zu übermitteln bitte. Sie werden auch daraus ersehen, dass ich mit Vergnügen auf die Erscheinung von Lemcke's Werk hingewiesen, wie ich denn im Interesse der Sache gern erbötig bin nicht nur mit Rathschlägen, sondern auch mit litterarischen Hülfsmitteln und den Schätzen unserer Bibliothek zur Realisirung dieses Unternehmens nach besten Kräften beizutragen.

So würde ich Herrn L. über die Gliederung im Einzelnen meine Anzeige von der deutschen Übersetzung Ticknor's in den Blättern für litterar. Unterh. zur Berücksichtigung empfehlen und etwa meinen Umriss der span. Litteratur in der 9. Aufl. des Conversationslexicons, worin ich wenigstens versucht habe, meine Behandlungsart der span. Litteratur zu skizziren.

Mit seiner Auswahl bin ich im Ganzen einverstanden; sollte ich auch jetzt schon über Einzelnheiten mich aussprechen, so würde ich z. B. wünschen, dass unter den Prosaisten des 15. Jahrhunderts der Corbacho des Alonso Martinez eine Stelle fände (s. meine Anzeige von Clarus in d. Bl. f. litter. Unterh.); die Celestina würde ich nicht unter Rodrigo Cota sondern unter Francisco de Rojas anführen und daher viel später stellen (s. meine Anzeige der deutschen und franz. Übers. der Celestina in den Blättern für litterar. Unterh.). Unter den neueren und neuesten Prosaisten vermisste ich ungern Proben der satyrischen Stylgattung von Miñano, Larra und vor allen von dem klassischen Gallardo; unter den neuesten Lyrikern würde ich auch Espronceda und besonders Villergas berücksichtigen; bei den Dramatikern würde ich statt des weniger bedeutenden Salazar den so wichtigen Guillen de Castro (von L. gar nicht berücksichtigt) gewählt haben; u. s. w.

Der Artikel über Lope de Vega ist sehr umsichtig und mit Benutzung der neuesten Forschungen gearbeitet und zeugt auch von selbstständiger Kritik.

2) 8. 12. 1853. Ich habe mich für die kleine und angenehme Mühe der ich auf Aufforderung des Hrn. Brockhaus mich unterzog, reich belohnt gesehen durch Ihre verbindliche Zuschrift vom 24. v. M. und durch die Gelegenheit die mir dadurch geworden, mit einem so ausgezeichneten Fachgenossen in nähere Verbindung zu treten. Ich kann Ihnen nur wiederholen, dass ich an Ihren schönen Vorhaben uns mit einem zeitgemässen Handbuche der span. Litteratur zu beschenken, den wärmsten Antheil nehme, und dass es mich freuen sollte, wenn ich auch etwas dazu beitragen könnte. Verfügen Sie in dieser Hinsicht ganz über meine geringen Kräfte; ich werde mich wenigstens bestreben Ihnen auch meinerseits den Refrain zu bethätigen: *obras son amores, y no buenas razones*, nur dass ich es nicht bei »gutgemeinten Rathschlägen« bewenden lassen will. Ich habe mir allerdings erlaubt, über den Plan und die Anlage eines solchen Handbuches Hrn. B. meine Ansichten unumwunden auszusprechen; bin aber nicht so stock-katholisch sie für die allein seligmachenden zu halten, und weiss recht gut Ihre Gegengründe zu würdigen. Dass Sie Ihren Aufenthalt in Paris zu diesem Unternehmen benützen wollen, kann ihm nur zum grössten Vortheile gereichen. . . .

3) 19. 10. 1857. Mit grosser Freude habe ich aus Ihrem Schreiben vom 15. d. M. ersehen, dass Sie im Begriff sind, wegen des Verlags der von Ihnen beabsichtigten Sammlung der englischen Balladen mit Hrn. Cohn abzuschliessen, und dass es mir so vergönnt war, auch mein Schärflein zur Realisirung eines so interessanten Unternehmens beizutragen. *Eflá el pandero en manos que le sabrán bien tocar!* — Sie haben dabei über zwei Puncte meine Meinung zu vernehmen gewünscht 1) Anhaltspuncte über »die Bedingungen der Arbeit« . . .

ad 2) Wegen Aufnahme der engl. Ritter-Epen mit den französ. Quellen in Ihre Sammlung, kann ich, aufrichtig gestanden, mich nicht zustimmig erklären; denn erstens wird der Umfang des Werkes mehr als um das Doppelte vergrössert (Sie müssten dann um so mehr alle von Ritson, Utterson, Weber, etc. herausgegebenen *metrical romances* mitaufnehmen, die mehr als Horn-Child etc. den Volksballaden nahestehen); — dann wird die Einheit, das Princip (nur ächte Volksballaden aufzunehmen mit Ausschluss alles Kunstmässigen) Ihrer Sammlung dadurch zerstört oder doch beeinträchtiget und der Eindruck geschwächt; ja ich glaube, eine solche Sammlung ist den Sibyllinischen Büchern zu vergleichen: je strenger die Auswahl, je grösser der Werth; — in zwei bis drei mässigen Octav-Bänden lassen sich gewiss alle ächten englischen, schottischen und irischen (denn natürlich auch die letzteren beiden Arten von Balladen werden Sie wohl aufnehmen müssen, schon der Parallelen wegen) Volks-Balladen unterbringen, und ein also gereinigter Schatz kann dann für den mässigen Preis von 4—6 Thlr. jedem Liebhaber zugänglich sein, während durch Mitaufnahme der Ritter-Epen, wenn auch als Vorhalle und vielleicht selbst als Quelle der Balladen, eine doppelt so grosse Zahl von Bänden erfordert würde, und dabei eine doppelt geringere Zahl von Lesern und Käufern sich finden dürfte. . . .

4) 30. 8. 1858. . . . Ich hätte Ihnen früher geantwortet, wenn ich nicht gerade in dem letzten Monathe jede freie Stunde dazu hätte verwenden müssen, um endlich die Revision meiner »Studien zur Gesch. d. span. u. portug. Lit.« zu vollenden, deren Druck bereits begonnen hat. . . . Dies

Unternehmen hat mir übrigens mehr Arbeit gemacht, als ich gedacht, und mich fast ein ganzes Jahr beschäftiget; vorgestern endlich ist die letzte Partie an den Verleger abgegangen. Dass ich Jhr treffliches »Handbuch« oft Gelegenheit hatte, mit gebührendem Danke anzuführen, versteht sich von selbst. Sehr erfreut hat mich die ehrende Anerkennung, mit der die spanischen Übersetzer Ticknor's (Vol. IV. p 416—417) Jhres Werkes gedacht haben, wie sie denn überhaupt für die Mitwirkung der Deutschen sich sehr dankbar bewiesen. Hingegen bedauere ich sehr, dass Jhnen Child den »Markt« verdorben, und dass diesmal das Gute, oder doch Brauchbare, der Feind des Besseren ist. Hoffentlich werden Sie die Nachforschungen in dem Britt. Museum in den Stand setzen, ein Supplement zu allen bisherigen Sammlungen zu geben. Übrigens hat sich das Bedürfniss nach kritischen Ausgaben des ächten Volksmässigen auch in dieser Richtung neuerdings manifestiert durch die Ausgabe der schottischen Balladen von Edmonstoun Aytoun, die ganz vor kurzem erschien, und zur Hauptaufgabe kritisch gesichtete und nach den ältesten Redactionen gereinigte Texte sich machte, mit Auschluss alles Unächten, so dass wir nun für die schottische Balladen-Poesie in der That eine sichere wissenschaftliche Grundlage gewonnen haben. Da Ebert und ich annehmen mussten, dass Jhnen die Lust verleidet sei, Child's Sammlung in dem »Jahrbuch« zu besprechen, so hat mein Sohn, Adolf, Scriptor der Hofbibliothek, es übernommen, davon und von der ersterwähnten Sammlung Aytoun's eine Anzeige für dasselbe auszuarbeiten; denn berücksichtigt mussten sie darin allerdings werden, schon — abgesehen von ihrem inneren Werthe — als bedeutende Manifestationen der Zeitrichtung in diesem Felde. Wenn er auch nicht mit Jhrer Meisterhand darüber schreiben kann, so kann doch er auf den Meister hinweisen, von dem das Bessere noch zu hoffen wäre. . . .

5) 14. 10. 1859. . . . Allerdings wird es unter den jetzigen Verhältnissen religiöser Spannung und wieder aufflammender Partei-Leidenschaften in Deutschland, in dem protestantischen Norden wenigstens, problematisch stehen um die Aufnahme und Würdigung ihrer [Cäcilie Faber de Arrom = Fernan Caballero's] Werke, und ich würde rathen, die polemischen Stellen darin ganz wegzulassen oder bedeutend zu mildern, wenn mir das nicht eine Art Verrath oder willkürlichen Eingriffs in ihre Rechte schiene, und selbst ihren wesentlichen, katholisch-spanischen Charakter entstellte, worauf sie namentlich in dem erwähnten Briefe Gewicht legt, und sich über derlei Willkürlichkeiten ihrer französischen Bearbeiter beklagt. Meine Tochter übersetzt daher die Elia, die eine durchaus katholische Tendenz und Färbung hat und mehrere starke polemische Stellen gegen den Protestantismus enthält, wortgetreu, und ich glaube, man könnte in einem Vorworte den Standpunct der Verfasserin durch ihre Nationalität zu rechtfertigen suchen, und für sie dieselbe Toleranz beanspruchen, die man Calderon's und anderer Spanier Werken zu Theil werden liesse? — Übrigens gehört gerade die Elia zu ihren schönsten Werken und ist voll ächter Poesie. . . .

6) 13. 11. 1859. . . . Elia, die . . . nur von einem katholischen, oder einem bereits mit dem Charakter der Verfasserin vertrauten und günstig für sie gestimmten Publicum goutiert wird . . . wenn man einmal der Poesie des Katholicismus überhaupt Berechtigung eingeräumt hat. Vielleicht dürften Sie gerade diesen Umstand geltend machen, als

Motiv, die Übersetzung derselben von einer **Katholikin** haben besorgen zu lassen?... — Für mich ist, leider! nur *de todas las cosas mas seguras, la mas segura — la duda*!! — Als Literaturhistoriker aber muss ich ohnehin jeder Confession ihre relative Berechtigung, weil eine historische Thatsache, einräumen, und pragmatisch-objectiv anerkennen. Es soll mich freuen, wenn Sie meine »Beiträge zur span. Volkspoesie« u. s. w. brauchbar finden sollten. W. Grimm hat sie sehr freundlich aufgenommen. Sein gegen die Ächtheit, oder doch wenigstens das Alterthum der Thiermärchen (namentlich vom Halb-Hähnchen) geäussertes Bedenken kann ich nicht ganz zurückweisen; auch mir drängte es sich auf; und doch konnte ich mich [nicht] entschliessen, diese Märchen wegzulassen. Aber hier, in dem Märchen, wo es sich um das ächte Volksmässige, den wissenschaftl. Kern, handelte, musste ich viele ganz moderne Zuthaten, humoristisch-satirische Arabesken, u. s. w. wegschneiden; denn die gute Frau hat doch noch keine Ahnung, mit welcher Keuschheit derlei Dinge behandelt sein wollen....

Ich bin nun für den heurigen Winter in die **neue Welt** verschlagen. Die [österreichische Fregatte] Novara hat uns [d. h. der kaiserl. Bibliothek in Wien] nämlich so interessantes, in Europa noch ganz unbekanntes Material zu einer Geschichte der portugies. Lit. in Brasilien gebracht, dass ich dieses zu verarbeiten gedenke. Auch einen süd-amerikanischen historischen Roman »Amalia«, in Buenos-Aires gedruckt, in 8 Bdn., hat mir Freund Tschudi mitgetheilt, der als eine Charakteristik des Tyrannen Rosas und der Zustände der argentinischen Republik sogar von historischer Wichtigkeit und nicht ohne künstlerischen Werth ist. Vielleicht sage ich ein paar Worte darüber in unserem »Jahrbuch«....

7) 30. 3. 1860. Lieber Freund, Auch mich haben dringende Arbeiten, wozu nun die akademischen für die feierliche Sitzung im Mai (vier Nekrologe) gekommen, abgehalten, Jhre lieben Zeilen vom 11. d. M. eher zu beantworten.

Jhre Befürchtungen wegen des Erfolgs von Caballero's Werken in Deutschland haben, wenigstens in Nord-Deutschland, allerdings viel Wahrscheinlichkeit; aber ich hoffe doch von dem poetischen Sinne auch bei den nüchterneren Nord-Deutschen und trotz ihrer confessionellen Antipathien, dass wo sie eine so üppige Fülle von Poesie und so viele Lichtseiten finden, sie nicht Borniertheit mit Borniertheit vergelten werden, denn leider ist unsere Verfasserin davon nicht freizusprechen. Aber wenn man Calderon gelten lässt, so muss man auch ihr den bewahrten altspanischen Charakter zu gute kommen lassen.

Um die durch den blutigen Charakter und traurigen Ausgang der meisten Erzählungen erzeugte Missstimmung zu mildern, rathe ich recht bald die *Tres almas de Dios* folgen zu lassen, eine der graciösesten und heitersten ihrer Erzählungen. Auch der *Verano en Bornos*, obwohl sonst eine der unbedeutendsten Compositionen, wird in dieser Beziehung guten Eindruck machen. In der Elia sind wenigstens einige komische Charaktere und Partien, und welche Fülle von Poesie!...

Unterdess fahren meine Tochter und ich fleissig in der Übersetzung von *Cosa cumplida* fort und haben schon ungefähr die Hälfte fertig. Es ist übrigens keine leichte Arbeit, schon der vielen Verse wegen nicht, und besonders die hineinverwebten Dorfgeschichten, wie die vom Sochantre (von der wir nun durch Julius' Güte den ersten, ganz eigenhändigen

Entwurf auf der Bibliothek besitzen) geben manche Nuss aufzuknacken und machen viel mehr Mühe, wie die Elia. . . .
An dem Brockhaus'schen Nachdruck habe ich keinen Theil; glaube auch kaum, dass sich das Unternehmen halten wird. Ich könnte ihm nun einen Band liefern, der vor allen in Deutschland ansprechen dürfte; die Frau v. Arrom hat mir nämlich ihre *Coleccion de Cuentos y coplas populares andaluces* zugeschickt, die gerade das enthalten, was ich in den »Beiträgen« aus ihren Werken zu geben gesucht, nämlich die von ihr aus dem Volksmunde gesammelten Märchen, Legenden, Schwänke, sprichwörtlichen Anekdoten und eine Menge von Coplas, unter Rubriken gebracht und viele mit Musik. Die Coplas sind natürlich nur im Original mittheilbar; aber unter den Märchen sind mehrere von mir noch nicht benutzte, was mich vielleicht zu einem Nachtrag zu den Beiträgen veranlassen könnte. Sie hat sogar dieselbe Stelle aus Grimm, die ich ausgezogen, als eine der Ursachen angeführt, die sie zur Herausgabe dieses Buches (Sevilla, 1859) veranlasst. Sie konnte aber damals meine Beiträge noch nicht erhalten haben, und so hat sie, fast zu gleicher Zeit, mit vollen Händen aus den unmittelbaren Quellen gegeben, was ich nur *in nuce*, und durch ihr Medium thun konnte. Jedenfalls war mir dieses Zusammentreffen interessant, und ich bin auf ihren nächsten Brief begierig, da ich ihr in Rücksicht der Märchen die Gewissensfrage gethan, ob sie auch alle aus dem spanischen Volksmunde, und nicht etwa Erinnerungen aus ihrer Jugend an deutsche Märchen seien? — Ich glaube, Ihnen geschrieben zu haben, dass sie nun gegen mich die Maske fallen gelassen und selbst ihre Briefe bald mit ihrem wahren Namen, bald Fernan Caballero unterzeichnet. Latour hat einen neuen Artikel über sie in der Revue brittanique, Janvier 1860, veröffentlicht. Auch in Paris erscheinen Nachdrucke von ihren Werken. Menzel's Artikel ist mir nicht zu Gesicht gekommen; übrigens ist es bei seiner notorischen Tollheit fast eine Empfehlung, wenn er tadelt. . . .

———

8) 29. 4. 1860. . . . Ihre Erklärung von *desgavilado* erschöpft noch nicht alle Bedeutungen dieses Worts; denn es kommt in *Cosa cumplida* in der Verbindung vor: *un jaramago* (Raupe, gewöhnlicher: *oruga*) *desgavilado.* — Wir haben es mit: »unverschämte Raupe« gegeben. — *Sarapico* könnte wohl ein Diminutiv von *Sarape* (farbige Decke, oder mantelartiger Überwurf, durch den man den Kopf steckt; — in der letzten Ausg. v. Salva: † *Sarape m. p. Méj.* [mejicanisches Wort] *Especie de frazada de lana fina y colores muy vivos, que tiene una abertura en el centro para meter la cabeza*) sein? — *Manola de Avapiés* ist Ihnen wohl nur unverständlich, weil in letzterem Worte ein offenbarer Druckfehler, statt: *Lavapiés*, eine berüchtigte Vorstadt von Madrid, wo diese Stutzerinnen (*manolas*) eine grosse Rolle spielen. . . .

Ich glaube, Ihnen geschrieben zu haben, dass ich gegenwärtig mit der Ausarbeitung einer Geschichte der brasilischen Literatur beschäftigt bin; als Probe davon habe ich vor ein paar Tagen den Abschnitt über den unglücklichen Juden Antonio José da Silva (verbrannt beim Auto da fé von 1739), den Verfasser der sogenannten »operas do judeo« in der Akademie gelesen; wovon ich mir seiner Zeit das Vergnügen machen werde, Ihnen ein Exemplar zuzusenden.

Noch will ich Ihnen aus einem eben erhaltenen Briefe von Gayangos folgende Notizen, die Sie interessieren dürften, mittheilen: »Está en prensa un catálogo del teatro antiguo y biografias de los autores dra-

máticos, obra de un joven farmaceutico, llamado Barredo.....
Aguiló (in Barcelona) no ha concluido aun ni sa biblioteca
lemosina, ni su Coleccion de Romances vulgares (catalanes).....
yo estoy concluyendo el tomo de Escritores en prosa anteriores al siglo
XV. que contendrá Calila é Dymna, traduccion del siglo XV.; — Los
documentos y castigos del rey don Sancho á su hijo Fernando IV.; — Las
obras de D. Juan Manuel — El libro de las Consolaciones del antepapa
Luna y otras cosas (in der Sammlung von Ribadeneyra).«...

9) 25. 6. 60. ... Der im Schlussheft dieses Jahrgangs erscheinende
Bericht über die span. Lit. von Amador de los Rios wird Sie sehr interessiren; er ist in der That sehr gehaltreich.

Auch aus Buenos-Aires hat uns Hr. v. Gülich eine sehr interessante
Übersicht der span.-amerikan. Lit. von dem argentinischen Minister
Gutierrez mitgetheilt, die in einer Übersetzung in einem der nächsten
Hefte erscheinen soll (das Original ist ungedruckt). Sie sehen, unser
Jahrbuch nimmt immer grössere Dimensionen an, und es wäre wirklich
Schade, wenn die *injuria temporum* auch dieses Organ wieder verstummen
machte! —

Mit meiner Geschichte der brasil. Lit. geht es *tout doucement* vorwärts; doch werde ich mir das Vergnügen machen, Ihnen als Probe
davon nächstens einen Separatabdruck des als Monographie bearbeiteten
Capitels über den brasil. Dichter Antonio José da Silva, den von Bouterwek u. s. w. so sehr maltraitirten Verfasser der »Operas do judeo«, zu
übersenden, welche Abhandlung ich in unserer Akademie gelesen und die
nun in deren Sitzungsberichten erschienen ist....

10) 27. 9. 1860. ... Es freut mich sehr, dass Sie meine Broschüre
über Antonio José da Silva so nachsichtig aufgenommen haben und
Ihre Zustimmung giebt mir Hoffnung, dass meine Arbeit über die brasilische Literatur keine ganz unnütze und interesselose werden dürfte.
Ich benütze eben meinen Urlaub, um sie zu fördern; ob ich je deren
Druck erlebe, ist unter den jetzigen drohenden Anzeichen eines Weltkrieges freilich sehr problematisch! —

Eben diese Verhältnisse machen mich auch für die Fortsetzung
unseres Jahrbuchs sehr besorgt, um so mehr, als der bisherige Absatz
kaum die halben Kosten deckt. Es wäre in der That Jammerschade,
jetzt, wo gerade von allen Seiten interessante Beiträge eingehen und
auch überseeische Mitarbeiter gewonnen sind, es aufgeben zu müssen.
So eben erhalte ich von Amador de los Rios (dessen Jahresbericht über
die span. Lit. im nächsten Heft Sie sehr interessieren wird) die Anzeige,
dass er eine kleine Sammlung asturischer Romanzen aus dem Volksmunde nebst einem einleitenden Schreiben an mich unserer Gesandtschaft in Madrid übergeben habe....

11) 16. 4. 1861. ... Der Winter ist mir zwar so leidlich verflossen
und, Gott sei Dank, ohne einen Unglücksfall in meinem Familienkreise.
Die öffentlichen Angelegenheiten aber stehen freilich um nichts besser
und die nächste Zukunft ist so unsicher als früher. Bei der jetzt herrschenden Constitutions-Epidemie fällt mir Gallego's treffendes Wort nur
zu oft ein: *el gobierno constitucional nada tiene de mal, que los primeros
cien años!* —

Jedesfalls sind diese ganz von Politik erfüllten Zeiten und Strömungen für unsere literarischen Unternehmungen wenig günstig, und namentlich für unser »Jahrbuch« die Aussichten sehr trübe. Ohne die Unterstützung einer Regierung wird es sich kaum halten können. Ich verzichte meinerseits auch auf jedes Honorar und habe nichts dagegen, demselben eine mehr philologische Haltung zu geben, sollte es dadurch überhaupt e i n e bekommen können, was ich jedoch bezweifeln möchte; denn wir würden kaum einige Abnehmer mehr unter dem Philologen von Fach dadurch gewinnen, die ohnehin mehrere eigentlich philologische und linguistische Organe haben, und dagegen dürfte das Jahrbuch in den grösseren Kreisen des gemischten Publicums eher verlieren, das an literar-historischen Artikeln doch eher Geschmack findet, als an den unvermeidlich viel trockneren und minutioseren philologischen....

Meine Geschichte der brasil. Lit. habe ich bis zur letzten Epoche (von 1840 bis jetzt) ausgearbeitet und das Manuscript an den Verleger Asher nach Berlin gesandt, um während ich diese letzte, aber wichtigste und schwierigste Epoche ausarbeite, die früheren ins Französische übersetzen zu lassen. Bis zum Herbst hoffe ich damit zu Stande zu kommen....

12) 27. 7. 1861.... Die *Deudas pagadas* habe ich inzwischen in der Original-Ausgabe erhalten, die zu Ihren Diensten steht; übrigens *pas grande chose*; ich fürchte die gute Frau hat sich ausgeschrieben! — Auch von den *Cuadros de coſtumbres*, worin *mas honor que honores*, habe ich die Madrider Ausgabe bekommen. Hierin sind noch sehr hübsche Sachen, die sichs allerdings lohnt zu übersetzen.

Mit unserem Jahrbuch sieht es nun allerdings wieder gut aus; dessen Fortsetzung ist nicht nur gesichert, sondern sogar in bessere, oder doch gewandtere Hände gekommen. Wir rechnen nun um so mehr auf Ihre thätige Theilnahme.

13) 19. 11. 1861.... Inzwischen werden Sie wohl auch meine Broschüre über den brasilischen Dichter Magalhães erhalten haben, die ich theils um dem Dichter (er ist brasil. Gesandter am hiesigen Hofe, und ich bin ihm vielfach verpflichtet) eine Aufmerksamkeit zu beweisen, theils um der Probe aus meinem grösserem Werke zu geben, auch separat abdrucken liess. Mein Aufsatz scheint Hrn. v. Magalhães auch in der That angesprochen zu haben; denn er liess ihn durch seinen Secretär ins Portugies. übersetzen, um ihn in der *Reviſta popular* von Rio de Janairo einrücken zu lassen. — Sagen Sie mir aufrichtig, was er für einen Eindruck auf Sie gemacht, und ob Sie mit der A r t der Behandlung einverstanden sind; Ihr Tadel kommt noch dem Werke zu gute. — Ich habe bereits einen Theil der französischen Übersetzung davon (und nur in d i e s e r erscheint das Werk) revidirt und daraus leider ersehen, dass gerade in den Theilen welche am meisten d e u t s c h e s Gepräge tragen, wie die literarhist. Übersichten, die genetischen Entwicklungen u. s. w. dieses grossentheils der französischen Glätte aufgeopfert werden musste und daher ihre nationale und individuelle Physionomie verloren gegangen ist.

... dass seit den *Deudas pagadas* wieder ein neues Werkchen von Fern. Caballero erschienen ist: *Vulgaridad y nobleza, cuadro de coſtumbres* (Sevilla 1860), das Frau von Arrom mir die Ehre erzeigt hat, zu widmen, und das sich ihren früheren Sittengemälden würdig anreiht und allerdings verdiente, übersetzt zu werden (es ist ein Büchlein von einigen sechzig Seiten). Ja ich habe noch ein neueres Werkchen von ihr vor kurzem erhalten: *Dicha y fortuna*, das, da ich es sogleich dem spanischen Gesandten mittheilte, ich selbst noch nicht gelesen habe. Sollten Sie Sich für diese drei letzten Erscheinungen interessiren, so stehen Ihnen meine Exemplare zu Gebote, sobald ich sie von Herrn v. Ayllon wieder zurückbekomme.

14) 12. 1. 1862. ... Eben in den letzten Wochen war ich sehr beschäftigt, die mir zugesandte französ. Übersetzung der ersten vier Perioden [des Brésil lit.] zu revidiren um meine Bemerkungen dem Übersetzer (Dr. van Muyden in Berlin, kennen Sie ihn etwa?) mitzutheilen. Er ist ein unterrichteter Mann, der nicht nur seine Muttersprache (die französische) correct und elegant schreibt, sondern auch der deutschen Sprache so vollkommen mächtig ist, dass seine Briefe den Ausländer nicht erkennen liessen. Auch habe ich alle Ursache mit seiner Übertragung im ganzen zufrieden zu sein; aber gerade die Stellen, welche die eigenthümlich deutschen und meine individuellen Ansichten von der literarhistorischen Entwicklung und bei der ästhetischen Beurtheilung des Einzelnen enthalten, sind oft bis zum Unkenntlichen französiert und verflacht, was er allerdings nicht mit Unrecht dadurch entschuldigen konnte, dass das Französische theils für so viele Ausdrücke unserer Kunstsprache keine Äquivalente habe (wie z. B. für volksthümlich, im Unterschied von volksmässig und von national), theils keine so freien Wörter- und Satzbildungen, so gehäufte Epitheta, lange Perioden u. s. w. vertrüge, kurz ich musste es mir gefallen lassen, meine deutsche Bärenhaut mit dem *habit habillé* zu vertauschen, um in die literarisch-gebildete *société* eingeführt werden zu können! —

Ich habe noch den ganzen Winter vollauf zu thun, um die noch übrigen vier bis fünf Kapitel auszuarbeiten und den Druck, der nun bald beginnen soll, nicht aufzuhalten; vielleicht wird es möglich, das Buch bis zur Michaelis-Messe fertig zu machen. Als ich vor drei Jahren die Arbeit begann, hätte ich nicht geglaubt, dass sie mich so lange in Anspruch nehmen würde! . . .

Hrn. Schöningh's Hypercensur [der Übersetzung von F. Caballero's Werken] ist in der That ergötzlich; dem gesunden Zartgefühl einer Dame, wie Frau von Arrom, gegenüber heisst dies katholischer sein wollen als der Papst.

Die drei neuesten Werkchen von ihr, deren ich erwähnte, stehen Ihnen jeden Tag zu Diensten; ich habe sie gelesen und würde höchstens *Vulgaridad y nobleza* zur Übersetzung empfehlen. Die Dame ist nahe daran sich zu »überschreiben«.

Inzwischen habe ich von Amador de los Rios den ersten Band seiner *Hiſtoria critica de la literatura eſpañola* erhalten. Er enthält ausser einer Einleitung die Geschichte der lateinischen Poesie in so weit sie von Spaniern herrührt oder in Spanien ihren Ursprung hat bis zum Ende des Westgothenreichs (ein Band in 33 Bogen gr. 8°.); also fast ebensoweit ausholend wie weiland die Brüder Mohedano; aber allerdings weit mehr Kritik; wohl hauptsächlich seiner Theorie zu liebe, nicht nur die Sprache sondern auch alle Versformen aus dem Lateinischen abzuleiten und auch die Ursprünge das eigenthümlich-spanische schon darin nachzuweisen, was allerdings, z. B. in Bezug auf Seneca, Martial, Lucan, u. s. w. seine Berechtigung hat. Das Buch ist sehr gelehrt und wird eine Fülle neuen Materials bringen. In der Einleitung verbreitet er sich über die bisherige Bearbeitung der Gesch. d. span. Lit. und die dabei zu Grunde gelegten kritischen Principien; natürlich erwähnt er auch die Arbeit der Deutschen und zwar sehr anerkennend; natürlich ist auch Ihrer gedacht; und er bekennt sich zu den Schlegel'schen Ansichten. Wenn ich bis zum Sommer mit meiner brasil. Arbeit fertig werde, hätte ich wohl Lust darüber und über Puymaigre's beachtenswerthes Werk in unserem Jahrbuch zu referieren. Vielleicht erscheint auch die 3. Aufl. von Ticknor bis dahin.

15) 12.2.1862. ... Die beiden letzten Bändchen der Übersetzung, die Dorfgeschichten und Volkslieder habe ich von ihm [Schöningh] erhalten. Je gediegener Ihre Arbeit ist, je mangelhafter nimmt sich daneben die von Hosæus aus; die Übersetzung der Coplas — allerdings eine sehr schwierige Aufgabe — ist häufig ungelenk und hölzern, statt duftender Feldblumen, ein Herbarium! — Das Vor- und Nachwort *pas grande chose*. Das Interessanteste daran war mir die von der Verf. selbst gemachte Übersetzung der Märchen, die sie aber bei weitem nicht alle gab und dafür wohl ein paar neue, aber unbedeutende hier bekanntmachte. In diesen Tagen erhielt ich ein Schreiben von ihr, worin sie mir ein paar berichtigende Bemerkungen über meine, ihr erst vor kurzem zugekommene Übersetzung der Märchen mittheilt, mit der sie nicht ganz zufrieden zu sein scheint, namentlich mit meinem Ausmärzen des modern-humoristischen, von dem sie behauptet, das meiste rühre vom Volke selbst her; — dann ist es eben nicht mehr das alte, ächte Volk! — Aber dankenswerth waren mir ihre Aufklärungen über die uns räthselhaft gebliebenen: *Arrancao* und *Geta*; ersteres *arrancado*, brauchen die Landleute, um etwas Nichtsnutziges zu bezeichnen; denn es heisst eigentlich der ausgerissene Misswachs des auf dürrem Boden angebauten, das nur wächst in regnichten Jahren, in trocknen aber missräth und ausgejätet wird. *Geta* ist einfach eine Verstümmelung für *Geftas*, den linken Schächer, also für Dieb, schlechter Kerl u. s. w.! — Auch schrieb sie mir, dass in Madrid eine neue vermehrte Ausgabe ihrer Werke erscheine.

... Anliegend übersende ich Ihnen ... die mir vom Grafen Circourt zugesandte Abschrift jenes Theils des Victorial, welcher noch unedirt ist und die sagenhaften Partien enthält. Circourt wollte diese übersetzen und herausgeben, ist aber durch andere Geschäfte daran gehindert worden und hat sich auf die Übersetzung der Sage von Cæsar beschränkt, die mitfolgt. Er überlässt uns Auszüge und Übersetzung für das Jahrbuch; aber freilich bedarf beid[e]s einer Redaction und [eines] Commentars; Ebert schrieb mir, dass Sie wohl sich dieser Mühe zu unterziehen Lust haben dürften, weshalb ich Ihnen den ganzen Apparat nebst einem früheren Schreiben Circourts an mich zusende, worin er sich darüber ausgesprochen.

Da Sie mit Circourt persönlich bekannt sind, so haben Sie wohl die Güte, Sich mit ihm darüber ins Einvernehmen zu setzen. ...

16) 28. 11. 1862. ... Ihre mir über Frau v. Arrom mitgetheilten Notizen waren mir sehr interessant. Ich habe vor einigen Tagen ein Schreiben von ihr erhalten, worin sie mir anzeigt, dass ein *tomito de ejemplos religiosos* von ihr erschienen sei und dass sie eine Ausgabe ihrer *articulos religiosos* veranstalten werde, und mir beides zu senden verspricht. Das stimmt zu ihrem Vorsatz, die letzten Jahre ihres Lebens in einem Kloster zu verbringen. Interessanter war mir ihre Versicherung, dass sie die von ihr veröffentlichten Märchen unmittelbar dem Munde des spanischen Volkes entnommen habe, hinzufügend: »No recuerdo

cuento alguno aleman oido en mi juventud. . . . . . . Como á V. me ha llamado la atencion la parecencia de varios cuentos, que despues he leído en Grimm . . . . Casi todus los niños saben aqui el cuento de medio pollito (ich hatte gerade an der Achtheit dieses Märchens meine bescheidenen Zweifel geäussert); lo que sí he hecho, es entre las infinitas versiones que de todos estos cuentos corren, escoger lo que me ha parecido mejor, y esto siempre ha sido lo que me ha sido comunicado por las gentes de campo. Estoy trabajando en el segundo tomo (!) que contendrá los cuentos y versos infantiles, que espero no harán sospechar á V. que sean de orígen aleman. Contendrá una colleccion de adivinanzas, en que no luce, á mi ver, solo el ingenio, sino tambien la poesía infantil sensillísima como en esta que trata de las nubes:

 Unas regaderas   Con que riega el campo
 Mas grandes que el sol,   Dios nuestro señor.«

Auf diese spanischen Kindermärchen, Reime und Räthsel bin ich allerdings viel begieriger, als auf die religiösen Artikel der Dame, wiewohl ich vor ihrer Gläubigkeit und Frömmigkeit alle Achtung habe, da sie einem wahrhaft religiös gestimmten Herzen entstammen. . . .

 Mit Ihrem Schreiben zugleich erhielt ich eines von Ebert und das 3te Hft. des 4ten Bds. unseres Jahrbuchs, worin ich vor allem mit grossem Interesse den Schluss Ihres trefflichen Aufsatzes über die schottischen Balladen gelesen habe; es wird dadurch nur um so wünschenswerther, dass Sie nach den darin so fein und scharf aufgestellten kritischen Ansichten eine Musterausgabe derselben veranstalteten. In Bezug auf die angezogene Stelle von mir über die Minstrels, erlaube ich mir, Sie auf mein Buch »über die Lais« (S. 261—273) aufmerksam zu machen, worin ich die nach den Zeiten verschiedene Bedeutung dieses Wortes nachgewiesen zu haben glaube, und wie eben das Ausserachtlassen dieser Verschiedenheit den langen und animosen Streit zwischen Ritson und Percy herbeigeführt, worin beide Recht und Unrecht hatten! . . .

---

17) 31. 1. 1863. . . . Es soll mich sehr freuen, wenn mein *Brésil littéraire* Ihren freundlichen Erwartungen einigermassen entspricht. Jetzt, da das Buch mir . . wie fremd geworden ist, kommen mir manchmal Bedenken, ob ich den Gegenstand nicht überschätzt habe, was während man sich damit beschäftiget, so leicht geschieht? — Ich tröste mich damit, dass die in Europa fast ganz unbekannte brasilische Literatur wenigstens neben der čechischen, magyarischen u. s. w. eine Stelle wohl verdiene. Sollten Sie es der Mühe werth finden, mein opus etwa in den Blättern f. literar. Unterhaltung zu besprechen, so würden Sie mich und meinen Verleger sehr dadurch verpflichten. Betrachten Sie aber diesen Wunsch durchaus nicht als eine Zumuthung, pochend auf Ihre mir so oft bewährte freundliche Gesinnung.

 Denn ich bin gerade selbst in dem Falle, das Werk eines Freundes, den ich sehr schätze, auf eine für ihn nicht verletzende Weise besprechen zu müssen, dessen Anlage im Ganzen ich überschätzt für verfehlt halte. Sie werden wohl errathen haben, dass ich Amador de los Rios' *Historia crítica de la lit. esp.* meine. Er hat durch Übersendung des Werkes mit dem Wunsche, dass ich es bespreche, und sonst durch viele Gefälligkeiten mich dazu verpflichtet. Es genügt wohl über dessen Ökonomie zu bemerken, dass die beiden vorliegenden, dicken Gross-Octavbände (von 526, u. 634 SS.) gerade bis zum eigentlichen Anfange der span. Lit., bis zum 11. Jahrhundert reichen! Nach dieser Anlage muss das Werk wenigstens 12 Bände stark werden! — Allerdings enthalten diese Bände, besonders der zweite, einige interessante Excurse; an diese muss man sich auch hauptsächlich halten und durch deren relative Wichtigkeit die masslose Weitschweifigkeit entschuldigen. Es ist übrigens nicht ganz ohne, dass zur möglich vollständigen Entwicklung und Charakterisierung des der span. Lit. eigenthümlichen Geistes bis zur römischen Zeit zurückgegangen werden könne; aber das Wesentliche hätte sich auf ebensoviel Seiten sagen lassen, als das vorliegende Werk Bogen hat. Auch werden unsere classischen Philologen, deren neuere und neueste Forschungen dem Verfasser ganz unbekannt geblieben sind, über die römische Periode gewaltig Zeter schreien.

Ich werde das Werk trotz alledem und alledem in unserem Jahrbuch besprechen; ich wollte damit die Anzeige von Puimaigre's *Vieux auteurs castillans* verbinden; schiebe dies aber bis zur Erscheinung des 3ten Bdes von Amador de los Rios auf, der erst die zusammentreffenden Materien enthalten wird und bald erscheinen soll. ...

Heinrich Brockhaus war im verflossenen Monat hier und besuchte mich auf der Bibliothek; wir sprachen natürlich von dem Jahrbuch und er scheint daran Interesse zu finden. Auch sagte er mir, dass seine spanische Sammlung gut abgehe und dass das Interesse an der span. Lit. überhaupt zunehme. ...

18) 24. 3. 63. ... Ich lese eben des Trueba *Cuentos campesinos*, aber welcher Abstand von den Arbeiten Caballero's; hier alles naturwüchsig, überüppig, bei Trueba forcierte blasse Nachahmung mit affectierter falscher Sentimentalität. Der gute Mann hätte nach seinem *Libro de los Cantares* nichts mehr veröffentlichen sollen. Er hat sich darin ausgesungen; nun aber singt der arme Teufel um das tägliche Brot!...

19) 20. 7. 1863. Lieber Freund! Ich habe mit der Beantwortung Ihrer lieben Zeilen vom 3. April so lange gezögert, theils weil Sie mir darin Hoffnung machten, bald nach Ihrer Übersiedelung nach Marburg Nachricht zu geben; ... so will ich nicht länger zögern, Ihnen in diesen Zeilen auszusprechen, woran Sie wohl ohnehin bei meiner herzlichen Theilnahme an Ihrem Geschicke nicht gezweifelt haben, nämlich den aufrichtigsten Wunsch, dass diese neue Stellung Ihnen und den Ihren zum Wohle gereichen und alle Ihre Hoffnungen erfüllen möge. Besonders freut mich dabei, dass Ihre schriftstellerische Thätigkeit dadurch nicht beeinträchtigt, vielmehr gefördert wird; denn am Ende haben alle unsere Wünsche *punitias de egoismo!* —

Aus einem der letzten Schreiben unseres trefflichen Ebert ersah ich, dass Sie mit grossen Plänen umgehen; dass wir z. B. Hoffnung haben, endlich eine allen Forderungen entsprechende Geschichte der englischen Literatur aus Ihrer Feder zu erhalten. Das ist in der That eine Lücke, die noch auszufüllen ist, trotz der in jüngster Zeit erschienenen Werke von Craik, Marsh u. A.; — und Sie haben alle Eigenschaften, und nun auch die Mittel dazu, sie auszufüllen.

Auch mit dem Plane, ein altfranzösisches Lesebuch auszuarbeiten, sollen Sie umgehen; dazu muss ich Ihnen bemerken, dass Sie an Konrad Hofmann in München einen Concurrenten finden werden, der sich seit langem darauf vorbereitet und nur einen Verleger dafür sucht; er hat in Paris viele *inedita* dafür gesammelt, und seine anerkannte philologische Tüchtigkeit lässt allerdings gutes erwarten. Ich schreibe Ihnen dies aber keineswegs, um Sie abzuschrecken; denn Sie wählen dabei vielleicht einen **anderen** Standpunkt, z. B. den literar-historischen, wie bei Ihrem trefflichen spanischen Handbuche, und dann können beide Werke recht gut neben einander bestehen, ja sich gegenseitig ergänzen. Hofmann machte mir den Vorschlag, eine literar-historische Einleitung zu seinem Buche zu schreiben; allein — abgesehen von meinem vorgerückten Alter und geringen Vorbereitung, die mich bestimmen, seinen Vorschlag abzulehnen — würden **Sie** dann diese Arbeit überflüssig machen.

Ferner schrieb mir Ebert, dass Sie so gütig sein wollten, eine kurze Anzeige meines *Brésil littéraire* für das Centralblatt zu schreiben, wofür ich Ihnen im voraus meinen besten Dank sage.

Sie werden in diesen Tagen ein Separat-Exempl. meiner Anzeige von Amador de los Rios in unserem Jahrbuche erhalten; ich bin sehr begierig, was Sie dazu sagen. Ich fürchte trotz des besten Willens, Rios **nicht** zufrieden gestellt zu haben! — Das Loben war hier viel schwieriger, als das Tadeln, welch letzteres ohnehin mehr zwischen den Zeilen geschehen ist....

20) 19. 11. 1868. Sehr geehrter Freund! Mit grossem Vergnügen und Dank habe ich Ihre lieben Zeilen vom 5. d. M. empfangen, worin Sie so freundlich waren, gleich nach Ihrer Rückkehr von England mir Nachricht zu geben.

Ja noch mehr erfreut hat mich Ihre gütigst mitgesandte Photographie, die in meinem Album neben der Ebert's den rechten Platz gefunden hat; sind doch die beiden lieben Bilder mir ein sprechender Beweis, dass es eine der grössten Befriedigungen ist, welche die Schriftstellerei gewähren kann, unter seinen Fachgenossen sich Freunde zu gewinnen und in deren Andenken fortzuleben. Möge mein Bild, das ich Ihrem Wunsche gemäss hier beischliesse, auch Sie erinnern, dass der alte Kauz, der Sie so grämlich anblickt, für Sie eine stets junge Freundschaft und ein heiteres Andenken bewahrt hat!

Sehr dankbar bin ich Ihnen für die eingezogene Erkundigung über die Sammlung spanischer Romanzen im Brit. Museum; da sie durchaus moderne enthält, so hat sie kein besonderes Interesse für mich; die von Gayangos gegebene Nachricht liess mich vermuthen, dass es alte ächte Volksromanzen seien. Haben Sie Gayangos in London nicht mehr getroffen? — Er brachte den Spätsommer, wie alljährlich, dort zu. Ich zweifelte gar nicht, dass Panizzi und Madden Sie gut aufnehmen würden; dazu bätten **Sie** bei **solchen** Männern gar keine Empfehlung gebraucht. Schade ist's, dass Sie Watts nicht trafen, denn dieser ist in den neueren Literaturen, namentlich der spanischen, sehr bewandert. In der altfranzös. Literatur sind allerdings die Bibliotheken von Oxford und Cambridge viel reicher als das Brit. Museum; ein brauchbarer Wegweiser dazu sind Michel's *Rapports*, die wohl eines der vollständigsten Verzeichnisse der altfranzös. Hss. in den englischen Bibliotheken enthalten.

Recht sehr wünsche und hoffe ich, dass Sie mit Dr. Lampe [Vogelsche Verlagsbuchhandlung] abschliessen. Hofmann hat mir mit grosser Befriedigung angezeigt, dass er sein altfranzös. Lesebuch übernommen....

Zu dem in Berlin oder Halle vorbereiteten Concurrenten für unser Jahrbuch habe ich von dem Redacteur, Prof. Gosche in Halle, schon vor Monaten eine Einladung erhalten; aber keine bestimmte Zusage gegeben, da ich, abgesehen von den Garantien die das Unternehmen bieten dürfte, die wenigen Arbeiten, die ich noch zu leisten im Stande bin, unserem

Jahrbuch schuldig zu sein glaube. Für dieses habe ich Ebert in diesen Tagen einen Aufsatz »über die portugiesische Literatur in neuester Zeit« zugesandt, der einen Lückenbüsser für die in unserem Jahrb. fehlenden Übersichten der portug. Lit. abgeben dürfte. Dann will ich einen Artikel über die neuesten Leistungen für die Gesch. der span. Lit. dafür ausarbeiten, worin ich den 3ten Band von de los Rios, die 3te Ausgabe von Ticknor, Puymaigre's *Vieux auteurs castillans* und Baret's *Hist. de la litt. esp.* bespreche.

In der Hoffnung, recht bald wieder von Ihnen zu hören und mit den herzlichsten Grüssen Ihr treu ergebener Ferd. Wolf.

21) 14. 8. 1864.¯ . . . Eben heute habe ich auch an Brockhaus geschrieben und ihm die Fortsetzung des Jahrbuchs zur Ehrensache gemacht. Ich schrieb ihm, dass ich zu der Erklärung autorisiert sei, dass mit Einverständniss von Ebert Sie bereit seien, die Redaction zu übernehmen; er möge daher, im Falle er den Verlag des Jahrbuchs behalten wolle, sich ungesäumt mit Ihnen ins Einvernehmen setzen, mich aber jedenfalls von seinem Entschluss benachrichtigen.

Ich höre, dass man auf der heurigen Philologen-Versammlung die Erhaltung des Jahrbuchs zur Sprache bringen will, was jedesfalls sehr *à propos* wäre. Zur Verbreitung desselben hielte ich für förderlich, die eigentliche Philologie (Anzeige philolog. Werke, *inedita*, grammatisch-kritische Arbeiten u. s. w.) etwas mehr zu berücksichtigen, was ich auch Brockhaus schrieb; denn dieser Wunsch ist schon von mehreren Seiten geäussert worden. Die Honorarfrage berührte ich aber vor der Hand noch gar nicht. . . .

22) 6. 10. 1864. . . . Noch sage ich Ihnen und allen in Hannover versammelten Fachgenossen meinen besten Dank für die für mich so ehrenvolle Weise, mit der sie meiner gedacht. Hoffentlich ist mein telegraphischer Dank und Gegengruss noch rechtzeitig eingetroffen? . . .

23) 5. 1. 1865. . . . Ferner benütze ich diese Gelegenheit, um Ihnen auch meinerseits eine Proposition zu machen; ich wünsche nämlich den mir von Hern. Zarco del Valle zugesandten ersten Band des von ihm und D. J. Sancho Rayon herausgegebenen *Ensayo de una Biblioteca e/pañola de libros raros y curiosos, formado con los apuntamientos de D. Bartolomé José Gallardo* (Madrid, 1863 4°) in unserem Jahrbuch zu besprechen; seit langem eines der a neuem Material reichhaltigsten Bücher die in Spanien erschienen; aber ich habe nicht die Absicht, es schon bald zu besprechen, vielleicht erst im kommenden Sommer; ich mache Ihnen schon jetzt davon die Anzeige, damit mir kein anderer zuvorkomme, da ich Hrn. Zarco diese Aufmerksamkeit schuldig zu sein glaube. . . .

24) 30. 10. 1865. Sehr geehrter Freund, meinen besten Dank für Ihre lieben Zeilen vom 24. d. M. und die beiden Exemplare Ihrer interessanten Abhandlung über das *Vitorial*. Einleitung, Auswahl und und Behandlung des Textes haben mich vollkommen befriedigt. Sie haben dem Werke die ihm gebührende Stelle in der Literaturgeschichte sehr richtig vindiciert und neues Interesse dafür geweckt. . . .

Allerdings sind die Verzögerungen und Unregelmässigkeiten in der Erscheinung und Versendung des Jahrbuchs sehr zu bedauern, und ich habe Brockhaus, der diesen Sommer hier war, es sehr dringend ans Herz gelegt, wider diese Unzukömmlichkeiten Vorsorge zu treffen. Jedenfalls beschwöre ich Sie, Sich dadurch nicht von der Redaction abwendig machen zu lassen, denn abgesehen davon, dass einem solchen Unternehmen nichts mehr als Wechsel in der Redaction schadet, haben Sie durch Ihre bisherige treffliche Führung derselben uns von der Unersetzlichkeit der Ihrigen die besten Beweise geliefert.

Nachdem ich eine im Laufe des Sommers vorbereitete akademische Abhandlung beendet... wollte ich mich unverzüglich an die Ausarbeitung der Anzeige von Zarco del Valle's *Ensayo de una Biblioteca* etc. für das Jahrbuch machen; allein da ersuchte mich der hiesige spanische Gesandte Hr. v. Ayllon einen Artikel über den auch als politischen und historischen Schriftsteller bekannten Minister Marques de Miraflores für die Wiener Zeitung zu schreiben, welchem Ansinnen ich bei den vielen Verbindlichkeiten, die ich Hrn. v. Ayllon schulde, nicht ausweichen konnte, und ich muss nun, sehr *à contre coeur*, mich mit der sehr voluminosen Autobiographie und den Werken jenes Ministers beschäftigen, doch hoffe ich in ein paar Wochen damit zu Stande zu kommen und will dann ungesäumt Zarco's Werk vornehmen, so dass ich doch noch bis zu Anfang des nächsten Jahres Ihnen meinen Artikel einsenden können dürfte. Im nächsten Frühjahr, vielleicht aber auch erst im Sommer, denke ich die mir inzwischen von de los Rios zugesandten Bde. 5 u. 6 seiner *Hiſtoria* in gleicher Weise, wie die früheren, im Jahrbuch zu besprechen, wenn Sie damit einverstanden sind?...

25) 15. 12. 1865. Lieber Freund, ich beeile mich Ihr liebes Schreiben vom 12. d. M. so gut ich eben kann, zu beantworten. Auch Ihr früheres vom 12. November so wie das an Mussafia, ist seiner Zeit eingetroffen. Dass ich letzteres bis jetzt unbeantwortet liess, findet wohl eine Entschuldigung in meinem schlechten Gesundheitszustande; denn seit dem Herbste bin ich von asthmatischen und nervösen Leiden so heimgesucht, dass ich oft unfähig zu aller geistigen Beschäftigung bin und nicht einmal die Stimmung zu einer freundschaftlichen Correspondenz finden kann. Es sind eben die *achaques de la vejez* die mit dem Eintritt in mein 70tes Jahr so zugenommen, dass ich wohl das *commencement de la fin* darin erkennen muss. Sie müssen mir daher auch jetzt verzeihen wenn ich mich kurz und schlecht fasse.

Ich habe Ihren letzten Brief sogleich Mussafia mitgetheilt und er liess mir sagen (denn seit einer Woche hüte ich das Haus), dass er Ihnen bereits selbst geschrieben habe.

Churton's Werk über *Góngora* habe ich gelesen und es sehr unterrichtend gefunden, nur wohl er sich so sehr über die ganze Zeit und Hofgeschichte Philipps III. u. IV. verbreitet, dass er darüber seinen Helden häufig aus den Augen verliert. Der ganze zweite Band enthält blos Übersetzungen, die auch schon mehr als ein Drittel des ersten füllen; er benützte dazu die handschriftlichen Sammlungen von Gayangos und Turner...

In den nächsten Tagen sende ich Ihnen durch Buchhändlergelegenheit ein Exemplar meiner nun fertig gedruckten akademischen Abhandlung »Ein Beitrag zur Rechts-Symbolik aus spanischen Quellen«; ich werde auch eins für Ihren Collegen Hrn. Prof. Arnold beischliessen, dessen treffliches Werk »Rechts- und Culturleben« ich mit grossem Nutzen und Vergnügen gelesen. Mit herzlichsten Grüssen Ihr treu ergebener Ferd. Wolf

Brief eines Studirenden.

1863. ... Seit einiger Zeit sehe ich mich suchend nach Jemand um, dessen kundiger Rath mir auf dem weiten Gebiete der Wissenschaften, in dem ich beinah noch planlos umherirre, einen einzuschlagenden Weg, eine feste Richtung vorschreibe. ...

Darf ich Ihnen nun Einiges über meine jetzigen Verhältnisse mittheilen? Letzte Michaelis verliess ich die Schule ..., in der festen Absicht, neuere Philologie zu studiren, da ich gerade für die neueren Sprachen eine ganz entschiedene Vorliebe habe. Vor meinem Abgange zur Universität hatte ich in Betreff meines Studiums eine Rücksprache mit Herrn Professor ..., bei welcher derselbe äusserte, um die neuern Sprachen mit Erfolg zu betreiben, müsse man erst die alten kennen; er rathe mir im Allgemeinen, erst längere Zeit die alten Sprachen zu studiren, und mich dann specieller den neueren zuzuwenden.

Diesem allgemeinen Plane bin ich auch gefolgt. Ich habe in diesem Semester ein griechisches, ein lateinisches, ein geschichtliches und ein philosophisches Colleg gehört und mich mit den neueren Sprachen sowie mit Literatur nur privatim beschäftigt.

Nun haben sich mir aber inzwischen mehrere Fragen aufgedrängt, auf die ich keine Antwort zu geben weiss. Wie lange soll ich auf diese Weise weiter studiren? Wie tief in die alten Sprachen eindringen? Ist es besser, die alten und neuen Sprachen zu gleicher Zeit zu betreiben, oder nur erst jene und dann diese? Und ferner stehe ich rathlos da: Ist es für mich vortheilhaft, lange in ... zu bleiben, und wo finde ich, wenn ich fortgehe, die für neuere Philologie bedeutendsten Lehrkräfte?

Dann hatte ich mir folgenden Plan gemacht. Nach den drei Studienjahren wollte ich mich nach gemachtem Examen einige Jahre als Hauslehrer in Frankreich und England aufhalten und es dann auf eine feste Anstellung als Lehrer absehen. Dagegen wurde mir von anderer Seite vorgeschlagen, zwei Jahre in Deutschland zu studiren; dann aber ein Gesuch einzureichen, die letzten zwei oder drei Semester im Auslande zubringen zu dürfen. Wäre dieser Rath wohl annehmbar und zu befolgen?

Dies sind die Fragen, dies die Ungewissheiten, über die ich so gerne Klarheit erlangen möchte und deren Beantwortung von grossem Einfluss auf meine ganze Lebensrichtung sein wird. ...

S. 29 im Brief II von du Méril Z. 8 v. u. l. *prétendraient*. — ib. Z. 6 v. u. tilge ein *que*.

Nachträge.

Zu Abschnitt A theilt mir Dr. E. Heuser, Custos an der Giessener Universitätsbibliothek freundlichst folgendes mit:

1. Von Garnier ist schon 1580 eine Ausgabe in Genf »apud haeredes Eustachii Vignon« erschienen, die wir hier besitzen; bei demselben 1593 eine »secunda editio recognita« die schon von Lange: »Der vocalische Lautstand in der französischen Sprache des 16. Jh. nach den Zeugnissen der alten Grammatiker. Göttinger Dissert. Elbing 1883« als in Göttingen befindlich bemerkt ist; auch diese besitzen wir, wie wir auch von Stephanus' »Libellus« ein Exemplar haben.

2. Aus dem Jahr 1588 besitzen wir noch eine »Grammatica gallica brevis, facilis et dilucida, partim Germanice partim Latine conscripta, breviter omnia & singula scitu necessaria, noua dicendi methodo nunquam antè hàc aedita, complectens: in gratiam eorum qui eam linguam addiscere cupiunt Authore Petro Andraea Lumnio. // Frantzösische Grammatica zu Teutsch vnd zu Latein beschriebñ. Zugleich vor den Gelehrten vnd vngelehrten, vormals nye also in Truck außgangen, einem jeglichen gantz nutzlich, insonderheit bey dieser jetziger welscher Welt. Durch Petrum Lumnè Maistre d'efcole. Gedruckt zu Cölln auff S. Marcellen Straffen Bey Gerhardt von Campen. Vnd man findt sie zu kauff auff den Thumbhoff bey Wilhelm Lutzenkirchen.

Thurot u. Livet verzeichnen dies Buch nicht, ebenso wenig Tell.

Zu Abschnitt B I macht mich mein verehrter College L. Schmidt nachträglich noch auf zwei weitere, oben (S. 16) unerwähnt gebliebene Schriften seines Vaters aufmerksam. Die erstere ist betitelt:

Sammlung französischer Schriftstellen aus dem neunzehnten bis in das dreizehnte Jahrhundert zurück. Nebst einem Wörterbuch für die verschollenen alten Wörter; besonders in Beziehung auf den Zusammenhang der neueren Sprachen unter sich, und mit der lateinischen, ihrer Muttersprache, von D. Friedrich Wilhelm Valentin Schmidt. -- Für den gelehrten Unterricht. — Berlin und Stettin, in der Nicolaischen Buchhandlung. 1818. 8°. XIV u. 282 SS.

Die interessante Vorrede dieses jetzt natürlich völlig veralteten Buches lautet:

Da ich seit neun Jahren in mehreren Klassen des Berlinisch-Köllnischen Gymnasiums mit dem Unterricht in der französischen Sprache von Seiten des Herrn Directors beauftragt gewesen bin, so habe ich das Bedürfniss eines Lehrbuchs, welches dem mich leitenden Plan angemessen wäre, lebhaft empfunden. Die früherhin eingeführte Chrestomathie von Gedike war für eine Zeit bestimmt, wo der französische Unterricht noch für einen Hauptgegenstand galt; wo die Sprache als selbstständig, unabhängig von ihrer Mutter, der lateinischen, und ihren Schwestern, den neueren Sprachen, betrachtet wurde; die dermalige starre Gestalt derselben war allein berücksichtigt: und besonders in dieser Hinsicht war jene Sammlung schon vor meiner Zeit nicht mehr im Gebrauch. Bei mehrjährigem Studium der vorzüglichsten Schriften der europäischen Vorzeit, bis in das tiefe Mittelalter hinein, in den Töchtersprachen der lateinischen, glaube ich, da jener äussere Beruf dazu kömmt, nicht ganz ungeeignet zu dem vorliegenden Unternehmen zu sein. Der Plan dieses Buches ist kürzlich folgender: In geschichtlicher Folge sind einzelne Schriftsellen, welche jedoch ein kleines Ganze bilden, neben einander gestellt, aus Schriftstellern des neunzehnten bis zum dreizehnten Jahrhundert. Nur solche Schriftsteller sind dazu gewählt, welche theils durch ihre Eigen-, thümlichkeit einen gewissen Einfluss auf die Sprachbildung gehabt haben, theils aber auch das bestimmte Gepräge ihrer Zeit und der Volkssprache an sich tragen. Noch manche andere Umstände sind bei der Wahl berücksichtigt worden, welche die Uebersicht der mitgetheilten Stellen näher andeuten wird. Noch eine Bemerkung erlaube ich mir. Sollte der in ähnlichen Schriften häufig sichtbare Zweck, gelegentlich geschichtliche, geographische u. d. Kenntnisse beizubringen, hier vernachläsigt scheinen; so bemerke ich, dass dagegen ein anderer Zweck vorzüglich mir vor Augen schwebte, der wohl eine besondere Aufmerksamkeit bei dem Unterricht verdienen möchte; dieser ist: eine grossartige, edele und Gottergebene Gesinnung nach Möglichkeit zu erwecken und zu beleben. Dichtungen aber und Märchen haben in dieser Hinsicht einen unglaublichen Einfluss auf das ganze Leben. Das hinzugefügte Wörterbuch bezieht sich zunächst auf »Le Chastoiement d'un Pere à son fils«, (s. zu 22), und auf die übrigen jetzt veralteten Wörter und Formen in dieser Sammlung. Da indess das Chastoiement hier nicht ganz aufgenommen werden konnte, so wird man im Wörterbuch einen bedeutenden Ueberschuss finden, welcher aber, wie ich hoffe, den Freunden des Mittelalters nicht unwillkommen sein wird. Zur Hand bei dieser Arbeit waren: »Dictionnaire du vieux Langage François par La Combe« (Paris, 1766), und das »Supplément« von demselben Verf. (Paris, 1767), und »a Dictionary of the Norman or old French Language by Kelham« (London 1779); doch von sehr geringem Nutzen. Gründlicher und zuverlässiger, besonders durch die Hinzufügung der Beweisstellen, ist das »Glossaire de la Langue Romane, par Roquefort«, (Paris, 1808, 2 starke Bände). Die Ansicht und Absicht Roquefort's aber bei seiner Arbeit ist so verschieden von der unsrigen, dass in Beziehung auf Ableitung und Zusammenstellung von ihm fast nichts entlehnt ist. Doch gebührt dem fleissigen Mann unser aufrichtiger Dank für manche Belehrung über den Sprachgebrauch der französischen Vorzeit. Hätten wir doch ein ähnliches umfassendes Werk für unsre deutschen Dichter des Mittelalters! — Mehr unserm Zweck und unserer Ansicht entsprechendes konnte entlehnt werden aus des Salmasius Anmerkungen zu den »Scriptores Historiae Augustae«: ferner aus: »Octavii Ferrarii Origines Linguae Italicae«, (Patavii 1676, und besonders aus des unermesslich belesenen und sorgfältigen Du Fresne, Du Cange »Glossarium ad Scriptores mediae et infimae Latinitatis«, (Francofurti 1681). Wenn aber unser Büchlein in gedrängter Kürze vieles enthält, was bei jenen Vorgängern nicht gefunden wird, so möge jeder, der mit uns die Methode der Zusammenstellung der verschiedenen Formen Einer Wurzel als besonders förderlich für eigne Belehrung und Unterricht anderer erprobt, und dazu vielleicht einige brauchbare Andeutungen hier findet, dafür, mit mir, meinem grossen Lehrer, dem seligen G. L. Spalding, sich verpflichtet fühlen. Unendlich segensreich war das Wirken des grossen Mannes im Kreise seiner Schüler, und wer ihn nur aus seinen Druckschriften kennt, kann schwerlich eine Vorstellung haben von der Gewandheit seines Geistes, von dem Adel und der Innigkeit seines Gemüths. Möge der selige Geist fortdauernd durch seiner nicht ganz unwürdige Schüler fortwirken!

[Es folgt eine Übersicht der 24 mitgetheilten Schriftstellen aus: 1) Labaume E.: Relation complète de la Campagne de Russie en 1812 Paris 1816 5. ed., Livre IX, la Bérézina; 2) Staël Holstein, Mad. de: Corinne ou Italie (Merkwürdigkeiten des heutigen Rom); 3) Genlis, Mad. de: Les petis émigrés 3. éd. 1800; 4) Griseldis aus: Le Grand d'Aussi: Fabliaux ou contes; 5) Diderot: Der Diener Jacob und sein Herr; 6) Caylus, le Comte de: Noveaux Contes Orientaux (Dakianos und die Siebenschläfer); 7) Voltaire: Hist. de Charles XII (Karl XII bei Pultava); 8) Fénelon: Oeuvres spirituelles (Betrachtungen eines Frommen); 9) Racine: La Thebaïde. »Der Abdruck ist genau nach der Pariser Ausgabe von 1682 gemacht; man muss über die Sorgfalt erstaunen, mit welcher in den späteren Drucken manche Spur dichterischen Ausdrucks vertilgt ist«. (2 Beispiele); 10) Corneille Cinna V, 1; 11) Scudery, M. de: La mort de Cesar Tragedie 2. ed. Paris 1637. »So sehr dieses Stück auch bei Vergleichung mit dem über alles Lob erhabenen Julius Cäsar des Shakspeare verlieren muss, so scheint uns doch in demselben mehr Energie des Gedankens und Wahrheit des Gefühls, mehr Angemessenheit der Sprache, als in den späteren franz. Tragikern ins gesammt sichtbar. Ja, man wird zuweilen an die unbedeutenderen Erzeugnisse des alt-englischen Theaters erinnert, welches zu derselben Zeit seinem Untergang sich nahte. Z. B. folgende Verse: ‚Mon coer eſt dans mes yeux, ou ie veux, qu'on le voye, Sçachant qu'il y paroist plein d'ardeur et de ioye' wird man eines englischen oder spanischen Dichters nicht unwürdig finden«; 12) Bartas, Saluste du: Oeuvres Paris 1611 (Der 7. Tag der Schöpfung); 13) Marguerite de Valois: l'Heptameron des Nouvelles (Franz I., Wüste Insel, Büssende cf. L. v. Stollberg's Ballade); 14) Franz I.: Verse am Grabe von Petrarca's Laura; 15) Merlin, ältester pros. Ritterroman der Franzosen nach d. Ausg. Paris 1528; 16) u. 17) La Dance aux Aveugles et autres Poësies du XV. s. Lille 1748 (Sprichwörter, d. Weltkind u. d. Geistliche); 18) Alexis; Passetemps (Der Geizige); 19) Le Testament Cynique (Vgl. Dunlop 2, 486); 20) Charles d'Orleans: (Verse an den Frühling); 21) Froissard: Rondeau; 22) Le chastoiement d'un pere à son fils. »Auch hegen wir den Wunsch und die Hoffnung dereinst die Disciplina clericalis selbst aus der lat. Hs. in England mit einem ihrer würdigen Commentar herauszugeben.« 23) Duell-Gesetz Philipp des Schönen nach Du Cange s. v. Duellum »Leider ist die Sprache erneut, auch müsste dieser Artikel vor 22) stehen«; 24) Eid Ludwig des Deutschen genau abgedruckt nach Roqueforts facsimile, nebst Umschrift in die Sprache des 12. Jh. und in jetziges Französisch].

Die Rechtschreibung ist beibehalten, wie sie zu der Zeit der Schriftsteller Sitte war, welches für den Gang der Sprachbildung nicht unwichtig schien. — Wie viel diese kleine Sammlung dem trefflichen Handbuch der französischen Sprache (Berlin, bei Nauck in 2 Theilen) zu danken habe, welches durch vielmalige Auflagen seine Nützlichkeit bewährt hat, wird dem Kenner nicht entgehn. Vorzüglich sind die sorgfältigen und gelehrten literarischen Nachrichten benutzt worden. — Möge auch dieses Buch zur Erhaltung gründlicher Gelehrsamkeit unter uns ein weniges beitragen, und der Deutsche nach wie vor den Ruhm behaupten, dass er, der in dem Mittelpunkt von Europa wohnt, an tüchtiger Kenntniss und richtiger Würdigung auch des Fremden alle anderen Völker übertreffe! Mögen die wohlwollenden Männer, welche meine früheren Arbeiten mit Güte aufgenommen haben, auch diese Sammlung nicht ganz unzweckmässig, und das ihr zum Grunde liegende Urtheil nicht falsch finden! Die Beiträge zur Geschichte der romantischen Poesie werden, wie ich hoffe, noch deutlicher zeigen, wie erhebend die freundliche Aufnahme der Druckschriften ist, da es umgekehrt so leicht ist, die literarische Thätigkeit nach aussen hin zu ersticken. Berlin, 23. März 1818. Der Herausgeber.

Empfehlend angezeigt ist das Buch in der Leipziger Literatur-Zeitung vom 31. Dec. 1818 S. 330, sowie in den göttingischen gelehrten Anzeigen 116. Stück vom 20. Juli 1820.

Das zweite den Romanisten minder interessierende Werk ist betitelt:

Balladen und Romanzen der deutschen Dichter Bürger, Stollberg und Schiller. Erläutert und auf ihre Quellen zurückgeführt von Fr. Wilh. Val. Schmidt. Berlin, Nauk's Buchhandlung 1827. 8°. VIII u. 352 SS.

und wendet »sich nicht an ein schon gelehrtes Publikum« sondern an »ein zur Gelehrsamkeit sich bildendes«. »Der grösste Theil der hier gegebenen Anmerkungen bildet die Grundlage von öffentlichen Vorlesungen«. Die Aufmerksamkeit der Kenner der Litteratur möchte Sch. nur für einiges gelegentliche, besonders für die Anmerkungen zum ‚Gang nach dem Eisenhammer', in Anspruch nehmen. Am Schluss steht ein alfabetisches Register über die in den Anmerkungen erwähnten Schriftsteller.

Schliesslich sei noch erwähnt, dass von Schmidt auch noch ein Vorlesungsheft über Hans Sachs vorhanden ist.

S. 8. Gerard du Vivier, Widmung Z. 6 l.: *Toutesfois*.
S. 10, ib. Widmung d. Synonymes Z. 3 l.: *Monseigneur*.